『울고 싶도록 서글픈 한국어학의 현실』 서문

최한룡 저

『울고 싶도록 서글픈
한국어학의 현실』 서문

2022년 2월 10일 초판 1쇄 인쇄
2022년 2월 20일 초판 1쇄 펴냄

지은이	최한룡
펴낸곳	도서출판 **신정사**
펴낸이	최봉근
등록일	1999년 7월 1일
등록번호	제 355-2010-000010호
주소	서울특별시 강서구 양천로 551-17 한화비즈메트로 1차 405호
전화	02-6957-0602
이메일	bkchoi5@hanmail.net
ISBN	978-89-950656-1-7

※ 책값은 뒤표지에 있습니다. 잘못된 책은 구입하신 서점에서 바꿔 드립니다.

『울고 싶도록 서글픈 한국어학의 현실』 서문

최한룡 저

도서출판 신정사

일러두기

1. 이 책은 1999년에 발간한 『울고 싶도록 서글픈 韓國語學의 現實』의 주요 내용과 주장이 담긴 '서 (序)' 부분을 재편집하였다.
2. 되도록 『울고 싶도록 서글픈 韓國語學의 現實』을 그대로 반영하였으나, 몇몇 표현은 10여 년의 시간을 고려하여 변화된 현실에 맞게 고쳤다.

머리말

서문본序文本을 출간하며

국어사전에서 '정치政治'라는 단어를 찾으면 이렇게 시작된다.

"정치(政治)몡 나라를 다스리는 일…."

국어사전은 단음短音과 구분하여 길게 발음하는 장음부호長音符號(:)를 사용한다. 다스릴 정政 자는 길게 읽어야 하는 글자이며, 대부분의 사람들은 바르게 발음하고 있다. 사전에는 '정치'가 아니고 '정:치'라고 표기되어 있어야 마땅하다. 그런데 거의 모든 사전에는 장음부호 없이 짧게 발음하도록 되어 있다.

최한룡 님의 연구는 여기서 시작되었다. 국어사전에서 한자어로 된 장단음 발음 표기가 절반 이상이 오류誤謬였다. 그리고 그 오류의 뿌리는 일제 강점기인 1920년에 식민 통치를 위해 조선총독부가 편찬한 『조선어사전朝鮮語辭典』인 것을 발견하였다. 국어학자들은 그것이 잘못인 줄 모르고 그 오류를 확대 재생산하여 지금에 이르렀다.

최한룡 님은 『울고 싶도록 서글픈 한국어학의 현실』(1999, 신정사)이라는 책으로 연구 결과를 출간하였다. 이 책은 1,300쪽이 넘을 정도로 분량이 많다. 책 한 권에 모든 것을 담아 남기고 싶은 마음이었다. 또 서문이 55쪽가량으로 길다. "이 책 내용의 개요를 알기 쉽게 요약해서… 독자들이 예비 지식을 갖고 읽는 데 도움이 되려고…" 긴 분량의 서문을 붙였다고 이유를 설명하였다.

『울고 싶도록 서글픈 한국어학의 현실』의 초판이 얼마 남지 않아 재판을 준비하기에 앞서 서문을 뽑아 소책자로 만들었다. 이 서문본序文本을 읽은 후, 더 깊은 연구가 필요한 후학들은 본 책을 구입하면 된다. 본 책을 소개한 보도자료와 신문 기사 3건을 서문본에 실었다. 특히 깊은 관심과 애정으로 최한룡 님의 뜻을 널리 알려주시는 윤구병, 강상헌 두 선생님에 대한 감사의 마음을 담았다.

'울고 싶도록 서글픈' 마음을 거두지 못하고 최한룡 님은 2015년 가을에 작고作故하셨다.

- 도서출판 신정사

차례

머리말 5

Ⅰ 『울고 싶도록 서글픈 한국어학의 현실』 보도자료 8

Ⅱ 『울고 싶도록 서글픈 한국어학의 현실』 서문 12

Ⅲ 『울고 싶도록 서글픈 한국어학의 현실』 신문 칼럼 및 기사 66

I

『울고 싶도록 서글픈
한국어학의 현실』
보도자료

우리나라에서 지금까지 출간된 국어사전과 한국어 발음사전이 수십 종에 이릅니다. 그런데 이들 사전은 한자어 발음 장단長短 표시에 있어서는 모두가 예외 없이 50%를 훨씬 웃도는 오류를 범하고 있는 엉터리들입니다. 수만 항의 오류를 범하고 있는 것이 수두룩합니다.

1920년 조선총독부가 내놓은 조선어사전朝鮮語辭典이라는 것이 국어사전의 효시인데, 그것이 한자어 발음의 장단에 있어서 음운音韻 규칙을 무시하고 무수한 오류를 범하고 있는 엉터리 사전입니다. 우리나라 국어학자라는 사람들이 그 수많은 오류를 오류인 줄 모르고 정상인 것처럼 이어받아 금년이 79년째됩니다.

현재의 국어사전은 오류를 단순히 계승한 것이 아니라 확대재생산해서 엄청난 수로 늘려 놓았고, 시간이 흐름에 따라 신종 오류도 창안해서 눈뜨고는 볼 수 없을 정도입니다. 이런 엉터리 사전, 이런 엉터리 학계는 세계에서 유일합니다. 혁명적인 대수술을 요구합니다.

구체적인 예를 들어 설명하자니 선행되어야 할 이야기가 있습니다. 이 책에서 저자는 지금까지 출간된 사전과는 달리 발음 표시에 3종의 부호를 사용하고 있습니다. 장음부호長音符號(ː), 장자음부호長子音符號 (˚)(저자가 임시 방편으로 만든 것임), 강세(엑센트)부호強勢符號 (ˊ)가 그것입니다. 한국어는 장자음 음절이 있는 언어입니다. 입성자入聲字; (종성이 ㄱ, ㄹ, ㅂ인 음절)에 한 자가 더 붙어서 숙어를 이루면 제1음절의 종성이 장자음화됩니다. 예를 들면 國會(ㄱㅜㄱː ㅎㅗㅣ), 密會(ㅁㅣㄹː ㅎㅗㅣ), 集會(ㅈㅣㅂː ㅎㅗㅣ)처럼 되는데, 정서법正書法을 그대로 둔 채 장자음 표시를 하자니 國會(국˚회), 密會(밀˚회), 集會(집˚회)처럼 할 수밖에 없는 것입니다.

그러면 우리 학계가 범하고 있는 오류를 들어보겠습니다.

1. 한자음의 한국어적 발음은 평성자平聲字는 짧게 읽고 상성자上聲字와 거성자去聲字는 길게 읽는다는 규칙이 있습니다. 총독부 사전이 이 규칙을 무시하고 있는데, 국어학계와 사전들

은 그 수많은 오류를 오류인지도 모르고 그대로 흉내내고 있는 것입니다.

예를 들면 '價'는 거성자이니까 '가ː'라고 길게 읽어야 옳은 발음인데 우리 국어사전들은 '價格(가ː격)'은 '가격', '單價('단가ː)'는 '단까'로 모든 '價(가ː)' 자를 짧게 읽고 있습니다. '政'은 거성이니까 길게 '政(정ː)'으로 읽는 자인데, 우리 국어사전들은 '政治(정ː치)'를 '정치', '民政('민정ː)은 '민정', '軍政('군정ː)'은 '군정'으로 모든 '政(정ː)' 자를 짧게 읽고 있습니다.

'議'는 거성자니까 길게 '議(의ː)'로 읽어야 할 것을 국어사전들은 '議員(의ː원)'을 '의원', '開議('개의ː)'를 '개의'로 읽는 것이 표준 발음이라고 하고 있습니다. '主'는 상성자니까 길게 '主(주ː)'로 읽어야 옳은데, '主人(주ː인)'을 '주인', '公主(공ː주)'를 '공주', '民主('민주ː)'를 '민주', '君主('군주ː)'를 '군주', '民主主義('민주ː주ː의)'는 '민주주의', '君主主義('군주ː주ː의)'는 '군주주의'가 표준 발음이라고 합니다. 이런 오류誤謬는 수없이 많습니다.

'氣, 起, 忌, 綺, 紀, 己, 杞, 寄, 記, 冀, 驥'는 상성 또는 거성자로 '기ː'인데 우리 사전에서는 예외 없이 짧게 읽고 있습니다. '地, 旨, 指, 志, 至, 智, 址, 趾, 止, 紙, 誌'는 모두 '지ː'인데 우리 사전들은 모두 짧게 읽고 있습니다. '體, 替, 締, 滯, 逮, 諦, 剃, 涕'는 모두 '체ː'인데 우리 사전들은 모두 짧게 읽고 있습니다. '受, 授, 樹, 守, 獸, 廋, 嫂, 壽, 隨, 狩, 秀, 袖, 邃, 穗, 竪, 睡, 粹, 嗽, 岫'는 모두 '수ː'인데, 사전들은 모두 짧게 읽고 있습니다. '祖(조ː)', '父(부ː)', '子(자ː)', '女(녀ː)', '姉(자ː)', '妹(매ː)', '本(본ː)', '許(허ː)', '證(증ː)', '草(초ː)', '贈(증ː)', '胃(위ː)', '謂(위ː)', '慰(위ː)', '渭(위ː)', '緯(위ː)', '位(위ː)', '衛(위ː)', '氏(씨ː)'는 모두 길게 읽는 자이고, '九, 狗, 具, 柩, 究, 矩, 購, 嘔, 構, 臼, 垢, 舅, 廐, 咎'는 '구ː'인데 사전들은 모두 짧게 읽고 있습니다. 이외에도 길게 읽는 자를 짧게 읽은 예와 짧게 읽는 자를 길게 읽은 오류가 엄청나게 많은데, 모두 지적하자면 너무 많은 지면이 필요하므로 이만 줄입니다.

2. 회화조의 한국어서는 장음절長音節이 둘 겹쳐서 숙어를 이루면 제2 음절의 장음은 짧게 발음합니다. 예를 들면 '代代(대ː대)', '世世(세ː세)', '永世(영ː세)', '萬代(만ː대)'처럼 읽습니다.

그런데 이 규칙을 무시하고 '代代(대:대:)', '世世(세:세:)', '永世(영:세:)', '萬代(만:대:)'처럼 읽은 사전도 있고, 한술 더 떠서 제2 음절의 장음은 일소一掃해 버린 사전도 있고 반장음半長音으로 읽는다는 사전도 있습니다. 각인각색입니다.

3. 한국어는 장자음長子音 음절이 있는데도 국어학자들은 아무도 거론하는 사람이 없습니다. 그러나 장자음화 현상을 무시하고는 한국어 발음을 바르게 이해할 수 없습니다.

4. 이상 열거한 오류들이 범벅이 되어 각인각색의 소위 '표준사전'이 범람하고 있는데 작은 차이는 무시하고 큰 차이를 기준으로 분류하면 네 파로 분류됩니다. 그런데 옳은 파는 없습니다. 저자는 15종의 사전에서 오류를 추출해서 비교해 가며 오류임을 지적해 놓았습니다.

5. 국어학계에서 통하고 있는 '중세국어가 사성四聲(平, 上, 去, 入) 체계의 성조언어聲調言語였다는 설'은 거짓말입니다. 사성四聲이라는 성조는 고립어孤立語인 중고한어中古漢語(수・당・송나라 초기의 중국어)에서만 있었던 성조로 점착어粘着語인 중세국어에는 절대 이루어질 수 없는 성조 체계입니다.

6. 저자는 우리나라 국어학계를 총체적인 엉터리라고 통박하고 있습니다.

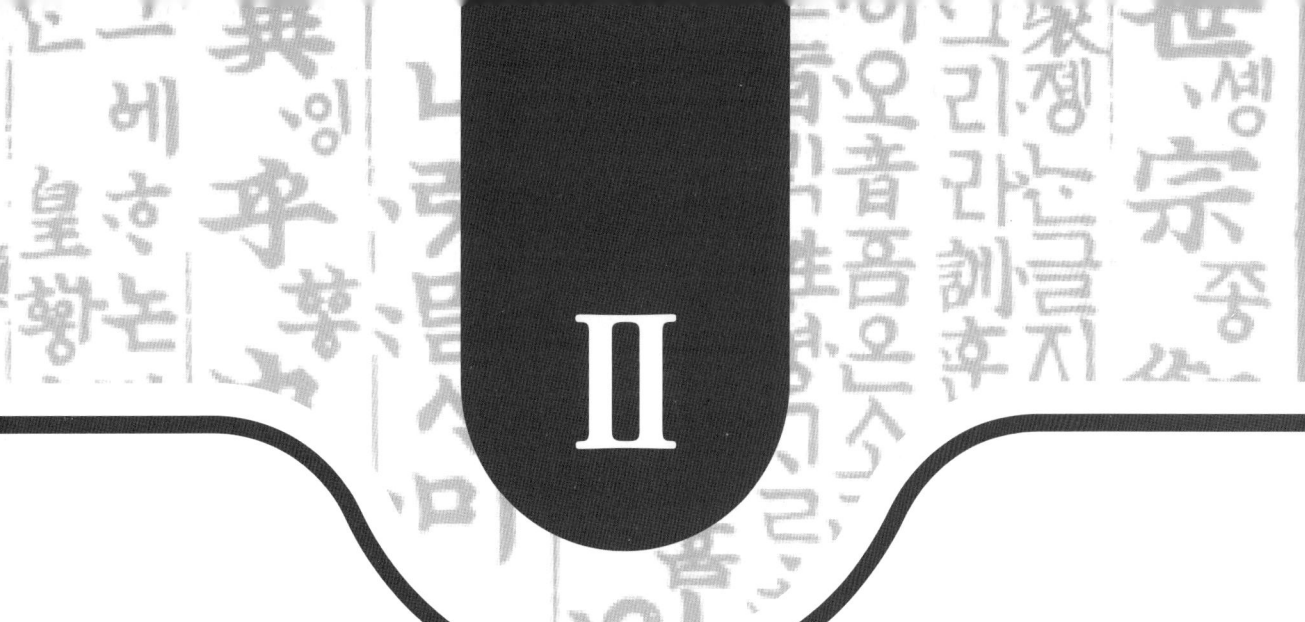

II

『울고 싶도록 서글픈
한국어학의 현실』
서문

이 책은 한자음漢字音의 장단長短에 관關한 이야기를 주主로 다룬 책입니다.

우리 나라에서 지금까지 나온 소위所謂 국어사전國語辭典이라는 것들과 한국어韓國語 발음發音 사전辭典이라는 것들로서 음音의 장단長短 표시表示를 해 놓은 것들은 한자음漢字音의 발음發音에 관한 한限, 예외例外없이 음音의 장단長短에 있어서 50%를 훨씬 넘는 오류誤謬를 범하고 있는 엉터리들입니다. 수數로 보아서는 수만數萬 항項의 오류誤謬를 범犯하고 있는 것이 수두룩합니다. 그런데 그 엉터리 사전들에 붙어 있는 제호題號나 서문序文이라는 것들을 볼라치면 저마다 표준標準이라고 제 자랑이 늘어집니다. 한국어韓國語와 한국어학韓國語學에 엄청난 유해有害 행위行爲를 저질러 놓고서도 무슨 대공大功이나 세운 듯이 뽐내며 으스댑니다.

오랜 시일時日 그런 엉터리 소위所謂 사전辭典들을 뒤지는 일을 하다보니 그 놀아나는 꼴들이 너무나도 역겨웠고 이젠 질려 버려서 저는 이 책엔 아예 서문序文이라는 것을 붙이지 않기로 작정했더랬습니다.

그런데 조판組版이 마무리 단계段階에 이르러서야 제 의도意圖를 알아차린 주위周圍 분들이 서문序文의 필요성必要性을 역설力說하면서 서문序文을 붙일 것을 강요强要하다시피 조릅니다. 그래서 마지못해 펜을 들었습니다.

책의 평가評價는 읽은 분이 읽은 뒤에 할 일이고, 저자가 미리 자랑할 일이 아니라고 생각합니다. 저는 이 책의 내용內容의 개요槪要를 알기 쉽게 요약要約해서 첫머리에 싣고 이 책을 읽어 주실 분들에게 이 책에 관한 예비豫備 지식知識을 드려서 읽으시는 데 도움이 되려고 서문序文이라는 것을 씁니다.

이 책은 제호題號가 '울고 싶도록 서글픈 한국어학韓國語學의 현실'입니다. 따라서 내용內容도 남의 오류誤謬를 지적指摘하고 그에 대한 제 견해見解를 밝히는 것이 주主입니다.

남의 오류誤謬를 들춘다는 것은 괴로운 일입니다. 남에게 오류를 지적당하고서도 기분氣分이 좋을 사람은 천하天下에 없다는 것을 저도 잘 압니다. 하필何必이면 남의 허물을 들추어 내기냐고 제 처妻는 처음부터 줄곧 제가 하는 일을 못마땅하게 여기고 그만둘 것을 권해 왔습니다. 그런데도 뿌리치고 제 고집을 부려서 서문序文이라는 것을 쓰는 데까지 와 버렸습니다.

남의 사생활私生活이거나, 윤리성倫理性만 짙고 사회성社會性은 옅은 잘못들은 덮어 주는 것이 미덕美德으로 되어 있습니다. 그러나 학문學問 상의 오류는 세상世上에 불거지는 즉시卽時로 발각發覺되어 호되게 비판批判을 받아야 마땅하고, 남에게 악영향惡影響을 끼치기 전에 오류誤謬임이 밝혀져서 자취를 감추게 만드는 것이 빠르면 빠를수록 좋습니다. 피해被害는 적을수록 좋기 때문입니다. 수준水準 높은 학자學者들이 주도主導하는 수준 높은 학계學界라면 그런 자정自淨 능력能力이 있어야 합니다.

우리나라 국어학계國語學界라는 것이 반세기半世紀가 지나도록 평온무사平穩無事하게만 보이는 것은 학문적學問的인 모순矛盾이 전무全無해서가 아닙니다. 기본적基本的인 기초이론基礎理論에 있어서도 엄청난 모순矛盾을 안고 있지만, 학계學界라는 것이 수준水準 낮은 엉터리들만으로 이루어진 총체적總體的인 엉터리여서 아무도 모순矛盾을 인지認知하지 못하기 때문에 모순矛盾이 없는 것처럼 보일 뿐입니다.

그러면 소위所謂 국어학계國語學界라는 것이 어떤 오류誤謬들을 범犯하고 있는가를 들추어 보겠습니다.

가장 오래 된 오류誤謬는 '중세국어中世國語는 사성체계四聲體系의 성조聲調 언어言語였다는 설설說'입니다.

이 설說은 세종학단世宗學團(한글 제정에 참여했던 학자들을 편의상 이렇게 칭함)이 창작創作한 거짓말입니다. 천재天才들이 저지른 실수失手였습니다. 사성四聲(平·上·去·入)이라는 성조聲調는 고립어孤立語인 중고한어中古漢語(隋·唐·宋初의 中國語)에서만 있었던 성조聲調로서 점착어粘着語인 중세국어中世國語에는 절대絶對로 이루어질 수가 없는 성조聲調 체계體系입니다. 현대現代 한국어韓國語도 마찬가지입니다.

이 사실事實을 바르게 인식認識할 학문적學問的 능력能力이 없다면 이 한 가지만으로도 국어학자國語學者로서의 자격資格이 없다고 지적指摘해 놓았습니다. 이 문제問題는 오류誤謬의 역사歷史와 그 골이 너무 깊어서 설명說明에 많은 지면紙面을 요要했습니다. 더구나 한글을 창제創制하여 만인萬人의 존경尊敬을 받는 천재天才들의 집단集團인 세종학단世宗學團이 창작創作한 오류誤謬이기 때문에 고스란히 500년 동안 오신誤信되어 왔습니다.

중세국어中世國語가 사성체계四聲體系(平·上·去·入)의 성조聲調 언어言語였다는 내용內容의 책자冊子를 만들어 놓고 중세국어中世國語의 성조聲調 연구研究에 일생一生을 바쳤다느니, 경상도慶尚道 사투리에는 상성上聲 성조聲調가 남아 있다느니, 하며 큰 연구研究 업적業績을 이룬 것처럼 떠들어대는 소위所謂 국어학자國語學者들은 언어言語를 다루는 학자學者로서는 서글픈 학자學者들입니다. 학자學者 축에 낄 수 없습니다. 그 분들이 업적業績으로 자랑하는 것은 모래성城과 같은 것입니다. 엉터리들의 학계學界에서나 업적業績으로 통通하지 비가 오면 무너지고 말 모래성城입니다. 도깨비에 홀린 사람처럼 허둥지둥 환상幻像을 좇는 짓을 학구學究 또는 학문學問이라고는 하지 않습니다. 그 분들이 잡았다는 것은 환상幻像입니다. 환상幻像을 실상實像으로 착각錯覺하고 있는 서글픈 소위所謂 학자學者가 우글우글합니다. 그 분들이 자랑하는 성城들은 비가 오면 무너지고 말 모래성城입니다. 지금 비가 오기 시작하고 있습니다.

다음은 현대어現代語에 혼용混用되는 한자어漢字語의 발음發音에 관關한 규칙規則을 바르게 인식認識하지 못했기 때문에 저질러 놓은 오류誤謬들입니다.

중고한어中古漢語(隋·唐·宋初의 中國語)에서 사성四聲(平·上·去·入)이라고 하는 성조聲調는 음가音價가 같으면서 뜻이 다른 음절音節의 뜻을 구별區別하는 기능機能을 하는 '악센트 체계體系'입니다. 우리 고유어固有語는 음절音節의 장단長短이 음운론적音韻論的 구실을 하는 언어言語일 뿐만 아니라 중국어中國語는 고립어孤立語인데 한국어韓國語는 점착어粘着語로서 형태形態나 문법文法의 엄청난 차이差異 때문에 사성四聲이라는 성조聲調는 고유어固有語에는 필요必要하지도 않거니와 절대絶對로 이루어질 수도 없습니다. 그래서 우리 조상祖上들은 계통系統이 전연全然 다른 한자어漢字語를 고유어固有語에 혼용混用할 적에는 평성平聲은 짧게, 상성上聲과 거성去聲은 길게 읽는 방법方法을 발명發明한 것입니다. 이 방법方法은 한국어韓國語에서만 씁니다. 저는 이 규칙規則의 성립成立을 훈민정음訓民正音을 제정制定하기 훨씬 이전以前으로 봅니다. 한국韓國, 일본日本, 월남越南이 한자어漢字語를 차용借用했지만, 한자어漢字語를 자국어自國語에 혼용混用하는 방법方法이 모두 다릅니다. 그것은 3국國의 고유어固有語가 특성特性이 각각各各 다르기 때문입니다. 한국어적韓國語的 방법方法은 우리 조상祖上들이 발명한 것입니다. 한국어韓國語와 일본어日本語는 다 같이 점착어粘着語이지만 두 나라에서도 다릅니다. 한국어韓國語에서는 음독音讀만을 취取했는데 일본어日本語에서는 음독音讀과 훈독訓讀이라는 기상천외奇想天外의 방법方法으로 한자어漢字語를 자국어自國語에 혼용混用합니다. 그렇게 된 데에는 모두 이유

理由이유가 있는 것입니다.

그리고 입성자入聲字는 짧게 읽는데 종성終聲이 ㄱ, ㄹ, ㅂ으로 한정限定되어 있고 평·상·거성자平·上·去聲字에는 그런 형태形態가 없고 입성자入聲字는 장단長短의 대립對立이 없습니다.

우리 소위所謂 국어학자國語學者라는 사람들은 평성자平聲字는 짧게 읽고 상·거성자上·去聲字는 길게 읽는다는 규칙規則을 바르게 이해理解할 능력이 없었기 때문에 엄청난 수數의 오류誤謬를 저질러 놓았습니다. 한학자漢學者는 물론勿論이고 한자漢字를 제대로 읽을 줄 아는 사람이면 평범平凡한 상식常識으로 되어 있는 이 규칙規則을 국어학자國語學者들은 아무도 모른다는 사실事實은 실實로 불가사의不可思議한 일입니다.

사전辭典이라는 것들이 예외例外없이 눈 뜨고 보기가 민망할 정도程度의 엉터리들입니다. 그것들을 사전이라고 불러야 할 때마다 강한 거부감拒否感을 느낍니다.

그 오류誤謬의 씨를 뿌린 것이 조선총독부朝鮮總督府가 발행한 조선어사전朝鮮語辭典입니다. 한국어韓國語와 한국어학韓國語學에 소름이 끼치도록 엄청난 악영향惡影響을 끼치고 만 엉터리 사전辭典이 나온 것은 1920년인데, 그 후 수많은 사전들이 나왔지만 모두가 그 오류의 포로捕虜가 되고 만 것입니다.

오도誤導의 원조元祖인 총독부總督府 사전辭典이 나온 지가 79년째 듭니다. 그동안의 한국어韓國語 교육敎育은 줄곧 엉터리 교육이어서 각급各級 학교學校에서는 엉터리들만이 반복해서 복제複製되어 왔기 때문에 사전들의 어마어마한 양量의 오류들이 발각發覺 되지 않고 정상正常인 양 계승繼承되어 오고 있습니다. 79년간年間 단 한 사람도 국어학자國語學者다운 국어학자는 지나간 흔적이 없습니다. 무식배無識輩들이 할퀸 손톱 자국만이 흉악凶惡스레 도처到處에 남아 있을 뿐입니다.

음音의 장단長短에도 환경環境에 의한 변화變化의 규칙規則이 있습니다.

1. 장음절長音節이 둘 겹쳐서 숙어熟語를 이루면 제2음절第二音節의 장음長音은 단음短音으로 바꾸어 발음發音합니다. 예例를 들면 代代(대:대), 世世(세:세), 萬萬(만:만), 永永(영:영), 順順(순:순), 漸漸(점:점), 萬事(만:사), 萬歲(만:세), 順序(순:서), 永世(영:세)처럼 읽습니다. 그런데 이것을 代代(대:대:), 世世(세:세:), 萬萬(만:만:), 永永(영:영:), 順順(순:순:), 漸漸(점:점:),

萬事(만:사:), 萬歲(만:세:), 順序(순:서:), 永世(영:세:)처럼 읽은 사전도 있습니다. 낭송朗誦, 독축讀祝, 창홀唱笏, 시창詩唱과 같은 경우가 아닌 회화조會話調에서는 장음절長音節이 둘 겹치면 제2음절第二音節은 짧게 발음합니다. 그런데 한술 더 떠서 제2음절의 장음長音은 일체一切 인정認定하지 않고 단음短音으로 읽은 사전도 있습니다. 반장음半長音으로 읽는다는 사전도 있습니다.

'표준어 규정'이라는 해괴駭怪한 것을 만들어 놓고 "모음의 장단을 구별하여 발음하되, 단어의 첫 음절에서만 긴소리가 나타나는 것을 원칙으로 한다"고 합니다. 웃기는 소리입니다.

총독부總督府 사전辭典은 환경環境에 의한 장단長短의 변화變化의 규칙規則을 바르게 다루지 못하고 무원칙無原則하게 다루고 있는데, 초기初期의 사전들은 총독부 사전을 그대로 흉내내다가 요즘에 나온 것은 새로운 신종新種 오류誤謬도 창작創作해서 네 파派로 나누어집니다.

그러면서 저마다 표준標準 발음發音이라고 자랑을 합니다. 다양多樣해서 좋을 것이 따로 있지 표준 발음에 네 파派가 있습니다. 그것도 대별大別해서 네 파派이지 각인각색各人各色이라고 하는 것이 옳을 것입니다. 그런데 하나도 옳은 파는 없습니다. 대한민국大韓民國은 자국어自國語를 엉망진창으로 다루는 세계世界에서 유일唯一한 나라입니다. 더 웃기는 일은 반장음半長音이라는 신개념新槪念을 들고 나와 어떤 사전에서는 장음長音이라고 했다가 어떤 사전에서는 반장음半長音이라고 하는 학자도 있습니다. 구상화具象畫를 그리다가 기분氣分에 따라서는 추상화抽象畵도 그리는 것은 화가畵家의 경우입니다.

2. 입성자入聲字(終聲이 ㄱ, ㄹ, ㅂ인 字)에 한 음절音節이 더 붙어서 숙어熟語를 이루면 제1음절第一音節의 종성終聲인 자음子音이 장자음화長子音化하고 제2음절第二音節에 장음절長音節이 와도 짧게 발음發音합니다. 예를 들면 國會(ㄱㅜㄱ:ㅎㅗㅣ), 密會(ㅁㅣㄹ:ㅎㅗㅣ), 集會(ㅈㅣㅂ:ㅎㅗㅣ), 卽死(ㅈㅡㄱ:ㅅㅏ), 不死(ㅂㅜㄹ:ㅅㅏ), 急死(ㄱㅡㅂ:ㅅㅏ)처럼 읽습니다. 한국어韓國語의 정서법正書法이 특이特異하기 때문에 저는 임시臨時 방편方便으로 장자음長子音 부호符號(:)를 만들어 씁니다. 國會(국:회), 密會(밀:회), 集會(집:회), 卽死(즉:사), 不死(불:사), 急死(급:사)처럼 씁니다.

장자음 음절長子音音節은 언어言語마다 있는 것은 아니고, 영어英語에는 없어도 한국어韓國

語, 일본어日本語에는 있습니다. 고유어固有語에도 있습니다. '입ː맛', '입ː덧', '꿀ː벌', '꿀ː맛', '굴ː밥', '굴ː젓', '박ː꽃', '박ː씨', '햅ː쌀', '돌ː놈', '돌ː감', '돌ː배', '돌ː떡', '겹ː겹', '덮ː밥', '곶ː감', '곳ː곳', '먹ː실', '먹ː감', '먹ː물' 등 많은 예를 들 수 있습니다. 그런데 우리 국어학계에서는 장자음화長子音化 현상現象을 거론擧論조차 하지 않습니다. 사전들은 제2음절의 장음長音을 그대로 읽은 것이 있고, 단음短音으로 바꾼 것도 있습니다. 반장음半長音으로 읽는다는 소위所謂 학자學者도 있습니다. 장자음화長子音化 현상現象을 무시無視 하고는 한국어韓國語 발음發音을 바르게 이해理解할 수 없습니다.

3. 한국어韓國語를 '악센트'가 없는 언어言語라고도 합니다. '악센트'라고 하면 영어英語의 '강약強弱 악센트'와 중국어나 일본어의 '고저高低 악센트'를 들 수 있습니다.

음운론音韻論에서 '악센트'라고 하면 말의 의미意味를 변별하는 기능機能 체계體系로서의 고저高低 또는 강약強弱을 뜻합니다. 한국어에는 '악센트'가 없다는 말은 한국어에 고저와 강약이 없다는 뜻이 아니라 강약과 고저를 의미의 변별辨別에는 이용하지 않는다는 뜻입니다. 음운론적音韻論的인 기능 체계로서의 '악센트'가 아니라는 뜻입니다.

그러면 한국어韓國語에 고저高低와 강약強弱이 어떻게 나타나는가를 살펴봅시다.

우리의 선인先人들은 한자漢字의 평성자平聲字는 낮은 자字, 측성자仄聲字(上·去·入)는 높은 자字라고 했습니다. 그러나 실지實地 발음發音은 장단長短이 음운론적音韻論的 구실을 합니다. 평성자平聲字는 짧게, 상·거성자上·去聲字는 길게 발음합니다. 입성자入聲字는 짧게 발음할 뿐 장단長短의 대립對立은 없습니다. 형태가 평·상·거성자平·上·去聲字와는 다릅니다. 종성終聲이 'ㄱ, ㄹ, ㅂ'입니다. 한국韓國 고유어固有語는 장단長短이 음운론적音韻論的 구실을 하기 때문에 한자음漢字音의 사성四聲과 장단長短을 관련關聯시킨 것으로 한국어적韓國語的 발상發想인 것입니다.

'江(강)'은 평성자平聲字인데 우리는 짧게 발음하고 '講(강ː)'은 상성자上聲字, '絳(강ː)'은 거성자去聲字인데 우리는 길게 읽습니다. 상성자上聲字와 거성자去聲字는 발음發音으로는 구별區別을 못 합니다. 변별력辨別力이 준 것입니다. 이것을 고저高低라는 측면側面에서 보면 짧게 읽는 음절音節에 비해서 길게 읽는 음절音節이 높습니다. 기기器機가 아닌 인간人間의 발성發聲으로서는 장음절長音節이면 발성發聲 초初보다는 끝 부분部分이 높아집니다. 길이에 수반隨伴

해서 높이는 의식意識하지 않아도 이루어지는 자연自然스러운 높이입니다. 중국어나 일본어의 의식적意識的인 기교技巧를 요요하는 높이와는 다릅니다. 그 때문에 저는 높이 부호符號를 사용使用하지 않습니다. 우리 선인先人들이 고저高低로 보았던 평측平仄을 총독부 사전이 장단長短으로 보게 된 것은 진일보進一步한 인식認識입니다. '산(山)'보다는 '산:(散)'이, '운(雲)'보다는 '운:(運)'이, '가(家)'보다는 '가:(可)'가, '거(居)'보다는 '거:(倨)'가 높습니다.

4. 강세악센트는 어떤 음절音節에 가해지느냐 하면 加減('가감:), 加擊('가격), 加烈('가열), 加入('가입)들처럼 측성자仄聲字(上·去·入) 앞에 붙은 평성자平聲字(짧게 읽는 字)에 가해집니다. 바꾸어 말하면 평성자平聲字에 측성자仄聲字가 붙어서 숙어熟語를 이루면 제1음절인 평성자(짧게 읽는 자)에 예외 없이 강세악센트를 가加해서 발음합니다. 규칙적規則的입니다. 단음절短音節에 강세强勢를 가加하면 음장音長을 더욱 짧게 하는 효과效果를 가져와서 발음發音과 청취聽取가 용이容易해집니다. 오랜 언어言語 생활生活에서 이루어진 우리 조상祖上들의 지혜智慧입니다. 이 경우의 제1음절短音에는 저는 강세 부호악센트를 사용합니다.

그런데 평성자平聲字(짧게 읽는 字)가 독립獨立해 있을 때에도 강세악센트를 가한다는 사실事實을 거론하는 학자가 없습니다만, 자신의 발음을 반성해 보거나 남의 발음을 주의깊게 들어 보면 단음절單音節의 평성자平聲字에도 강세악센트를 가하고 있다는 사실을 알게 될 것입니다.

丘(구)와 具(구:), 俞(유) 劉(유)와 柳(유:), 丁(정)과 鄭(정:)을 혼동하는 발음을 들을 수가 있고 사전에서도 혼동하는 것이 눈에 띄는데, 그것은 단음절單音節의 평성사平聲字에 강세强勢를 가하지 않기 때문에 일어나는 혼동混同입니다. '城(성)을 쌓다', '蘭(난)을 가꾸다'에서 '城(성:)을', '蘭(난:)을'로 들리게 발음하는 것이 방송에서도 자주 잡히는데, 城(성), 蘭(난), 羊(양), 山(산), 丘(구), 俞(유), 劉(유), 丁(정), 金(김) 등등 모든 단음절單音節의 평성자平聲字(짧게 읽는 字)에는 강세를 가해서 발음해야 하고 그렇게 발음하고 있지만, 이 경우엔 저는 강세 부호를 절약節約하고 사용使用하지 않습니다.

5. 다음은 중모음重母音의 개념概念이 한국어학계韓國語學界와 저와는 다릅니다. '好(하오)'라는 중국어를 들어 보신 분이 많으실 것입니다. '好(하오)'를 1음절로 봅니다. '愛(아이)'도 중국

어에서는 1음절인데 이것을 중모음음절重母音音節이라고 합니다. 한국어에서는 '好(호:)', '愛(애:)'인데 단모음單母音입니다.

　　중모음重母音은 음운론적音韻論的 개념概念은 아니고 음성학적音聲學的 개념概念입니다. 그러나 한자음漢字音의 한국어화韓國語化를 이해하는 데는 매우 중요한 개념입니다. 설명을 하자면 길어지기 때문에 본론本論으로 미룹니다만 우리 학계學界의 중모음重母音 개념은 세계에서 유일唯一하다는 것만 지적해 둡니다. 외국外國의 학자들에게는 통하지 않는 중모음重母音 개념입니다.

　　6. 한국어 발음發音에 반장음半長音의 개념을 들고 나온 학자들이 있는데 저는 취하지 않습니다. 반장음半長音의 개념을 도입한 학자에게 묻고 싶은 것은 단음短音, 장음長音, 반장음半長音을 자유로이 구별해서 구사驅使할 수가 있느냐 하는 점입니다. 자유로이 구별해서 실현實現할 수 있어야 하는 것입니다. 듣는 쪽에서도 구별해서 듣고 있어야 하고 구별해서 들을 수 있어야 합니다.

　　한국어韓國語에 단음短音과 극단음極短音의 개념概念은 있습니다. 단음에 강세악센트를 가하면 극단음화極短音化합니다. 실지로 이루어지고 있고 자유로이 구사할 수 있습니다. 非山非野(비산´비야:), 江南江北(강남´강북)처럼 이루어집니다. 저는 강세 부호악센트를 사용합니다. 단음절短音節에 강세를 가하면 극단음절화極短音節化합니다. 단음절短音節과 극단음절極短音節에 뜻의 차이는 없습니다. 장음절長音節에는 강세強勢를 가하지 습니다.

　　7. 1989년 3월 1일부터 시행하는 '한글 맞춤법'이란 것을 보면 한자어漢字語에 6개 항항의 '사이시옷'을 인정認定한다고 하는데 '곳간(庫間)', '셋방(貰房)', '숫자(數字)', '찻간(車間)', '뒷간(退間)', '횟수(回數)'가 그것입니다.

　　중국어는 고립어孤立語인데, 음절音節의 변화變化와 활용活用이 없는 것이 특징입니다. '庫'는 그 음音을 한국어에서는 '고'로 번역飜譯해서 읽는데, 거성去聲이기 때문에 '고:'로 길게 읽어야 할 텐데 어찌된 셈인지 우리 소위所謂 국어학자들은 예외없이 짧게 읽고 있습니다. 소위所謂 사전辭典에는 그렇게 되어 있습니다.

'庫(고:)'는 놓이는 위치에 따라 장음長音이 단음短音으로 바뀌는 수는 있어도 음절音節 자체自體가 '곳'으로 바뀌는 일은 없습니다. '고'와 '곳'은 전연全然 별개의 음절입니다. 한자漢字는 뜻에 따라 달리 읽는 수는 있습니다. 예를 들면 '數'는 '數學(수:학)', '數數(삭˚삭)', '數罟(촉˚고)'처럼 전연 다른 세 종의 음절音節로 읽는 수가 있지만 이때는 뜻이 달라집니다. '庫(고:)'는 그런 음절의 자字가 아닙니다. '곳'으로 변하지는 못합니다. '庫間(고:간)'이 '고:깐'처럼 제2음절의 자음子音이 된소리로 발음된다고 해서 '곳간'으로 적는 것은 잘못입니다.

貰房(세:방), 數字(수:자), 車間(차간), 退間(퇴:간), 回數('회수:)처럼 읽는 것입니다. '세'와 '셋', '수'와 '숫', '차'와 '찻', '퇴'와 '툇', '회'와 '횟', '고'와 '곳'은 전연 별개의 음절입니다.

한자음漢字音에는 현대어現代語로서는 종성終聲이 'ㅅ'으로 된 음절은 없습니다.

우리 선인先人들도 사이시옷(ㅅ)을 많이 사용했습니다. 근대적近代的인 의미意味의 언어학言語學이 탄생한 지는 1세기 반世紀半쯤 된다고 합니다. 음절音節의 개념槪念이 애매했던 시절의 사이시옷ㅅ은 지금 생각하면 개선改善되어야 할 점이 많습니다.

'點'은 상성 염운上聲 琰韻에 속하는 자字입니다. '점:'입니다. 이 자字 앞에 평성자平聲字(짧게 읽는 字)가 붙으면 제1음절인 평성자平聲字에는 강세(악센트)를 가해서 발음합니다.

표제어		한글학회 우리말큰사전	금성출판사판 국어대사전 편집위원 김민수, 공영근, 인흥빈, 이승재
고간	庫間	고깐	고깐
곳간	庫間	곳간	고간/곧깐
고방	庫房	고방	고방
고자	庫子	고자	고자
고직	庫直	고직	고직
금고	金庫	금고	금고
공고	工庫	공고	공고
관고	官庫	관고	관고
도고	都庫	도고	도고

예를 들자면 加點('가점:), 基點('기점:), 岐點('기점:), 强點('강점:), 長點('장점:), 零點('영점:), 支點('지점:), 爭點('쟁점:), 盲點('맹점:), 批點('비점:), 終點('종점:), 斑點('반점:), 觀點('관점:), 難點('난점:), 虛點('허점:), 原點('원점:), 氷點('빙점:), 傍點('방점:), 焦點('초점:), 時點('시점:)처럼 읽는데, 종성終聲이 없는 평성자平聲字(짧게 읽는 字)에는 사이시옷(ㅅ)을 가하는 사람이 많았습니다. 加點(갓점:), 基點(깃점:), 時點(싯점:), 岐點(깃점:), 支點(짓점:), 批點(빗점:), 虛點(헛점:), 焦點(촛점:)처럼 강세(악센트)를 사이시옷(ㅅ)으로 나타냈던 것입니다. 이 방법에는 문제가 있습니다.

고유어固有語에 사이시옷을 가하는 것도 문제가 있지만, 한자어漢字語일 경우면 한자漢字 음절音節의 특성特性이 음절音節의 변화變化 활용活用이 없는 점인데 사이시옷(ㅅ)을 가하면 음절音節이 변해 버리는 결과結果를 가져와서 좋지 않다고 한자 음절에는 사이시옷(ㅅ)을 가하지 않기로 했던 것입니다. 그런데 앞의 여섯 예의 예외例外를 인정認定하는 것은 잘못입니다.

'庫'는 다음과 같이 환경環境의 영향을 받지 않는 위치位置에서는 언제나 장음절長音節입니다. '庫(고:)'입니다. 다음 표表와 같습니다.

표기에서 음운音韻과 음성音聲을 완전히 일치一致시키려면 무리無理가 따릅니다. 어원語源을 알 수 있는 것은 음운音韻의 체계體系를 살려서 적는 편이 좋습니다.

동아출판사판 새국어사전 이기문 감수	표준한국어발음대사전 KBS편저 감수 김석득, 이현복, 유재원	한국정신문화연구원 한국어표준발음사전 남광우, 이철수, 유만근 공저	최한룡 주장
			고:간
고깐/곧깐	곧깐	고깐	고:간
고방	고방	고방	고:방
고자		고자	고:자
고직		고직	고:직
금고	금고	금고	'금고:
			'공고:
관고		관고	'관고:
도고		도고	'도고:

표제어		한글학회 우리말큰사전	금성출판사판 국어대사전 편집위원 김민수, 공영근, 임홍빈, 이승재
문고	文庫	문고	문고
민고	民庫	민고	민고
봉고	封庫	봉고	봉고
봉고파직	封庫罷職	봉고파:직	봉고파:직
빙고	氷庫	빙고	빙고
동빙고	東氷庫	동-빙고	동-빙고
서빙고	西氷庫	서-빙고	서-빙고
선고	船庫	선고	선고
차고	車庫	차고	차고
창고	倉庫	창고	창고
군기고	軍器庫	군기-고	
냉장고	冷藏庫	냉:장-고	냉:장-고
무기고	武器庫	무:기-고	무:기-고
병기고	兵器庫	병기-고	병기-고
내탕고	內帑庫	내:탕-고	내:탕-고
국고	國庫	국고	국고
입고	入庫	입고	입꼬
출고	出庫	출고	출고
서고	書庫	서고	서고

　공자孔子님은 맨손으로 범을 때려잡겠다는 자와 배도 없이 황하黃河를 건너겠다는 자는 상대相對도 하지 않겠다고 하셨습니다. 불가능不可能이 뻔히 보이기 때문입니다. 범을 잡으려면 필수必需 도구道具로 창은 있어야 하고 황하黃河를 건너자면 배舟와 노櫓가 있어야 하는 것입니다. 불가능하다는 것을 알면 덤비지 말아야지 개죽음을 감행敢行하는 자는 어리석은 자이기 때문입니다.

동아출판사판 새국어사전 이기문 감수	표준한국어발음대사전 KBS편저 감수 김석득, 이현복, 유재원	한국정신문화연구원 한국어표준발음사전 남광우, 이철수, 유만근 공저	최한룡 주장
문고	문고	문고	′문고:
		민고	′민고:
			′봉고:
봉고파:직	봉고파:직	봉고파▼직	′봉고:파:직
빙고	빙고	빙고	′빙고:
	동빙고	동빙고	동-′빙고:
서-빙고	서빙고	서빙고	서-′빙고:
선고		선고	′선고:
차고	차고	차고	′차고:
창고	창고	창고	′창고:
군기-고			′군기:-고:
냉:장-고	냉:장고	냉:장고	냉:장-고:
무:기-고	무:기고	무:기고	무:기-고:
병기-고	병기고		′병기:-고:
내:탕-고			내:탕-고:
국고	구꼬	구꼬	국˚고
입고	입꼬	입꼬	입˚고
출고	출고	출고	출˚고
서고	서고	서고	′서고:

한국어의 발음을 정서법正書法을 그대로 둔 채 묘사描寫하려면 필수 도구로 장음부호長音符號 (:), 장자음부호長子音符號 (˚), 강세부호强勢符號 (′)가 있어야 합니다. 그렇지 않고 장음부호(:) 하나만으로는 바르게 묘사할 수는 없습니다. 맨손으로 범을 잡는 짓과 배 없이 황하를 건너는 짓과 같습니다. 그리고 범을 잡으러 산으로 가면서 낚시 도구 따위를 가져가면, 경상도 말로 하면 걸거치기만 합니다. 한국어의 발음을 묘사하는 데는 아무 소용所用도 없는 부호

符號를 사용하는 사람이 있는데 부호符號도 절약할 수 있는 것은 절약하는 것이 좋습니다. 낚시 도구는 범 잡는 데는 아무 소용이 없습니다.

사전들을 보면 발음發音을 유도誘導한답시고 표기表記를 바꾸어 적어서 얄궂은 유도誘導를 해 놓은 것이 있는데, 저는 세 종의 부호符號를 쓰는 외에는 표기를 바꾸어 설명하는 일은 하지 않습니다. 그것은 엉뚱한 결과를 낳을 우려憂慮가 있기 때문입니다. 표기表記는 음운音韻의 체계體系를 살려서 적고 있기 때문에 실지로 나는 발음發音의 음성音聲과는 차이差異가 있을 수 있습니다. 득得과 실失은 다음의 예시를 보시고 여러분이 판단하시기 바랍니다.

한자어漢字語는 음절音節마다 뜻이 있습니다. 자음접변子音接變 등의 설명도 별도別途로 하는 것이 좋습니다. 인접隣接 음절音節에 미치는 영향影響은 숙어熟語를 이루는 2개 음절音節 간에 그치도록 애써야지 미끄러지듯 발음해서 음절을 분간할 수 없는 발음은 삼가야 합니다.

표제어		KBS 표준한국어대사전 감수/김석득, 이현복, 유재원	최한룡의 방법
가격경기	價格景氣	가겨경기	가:격경:기
가격연동제	價格連動制	가경년동제	가:격'연동:제:
가격인상	價格引上	가겨긴상	가:격인:상
가격인하	價格引下	가겨긴하	가:격인:하
가결안	假決案	가:겨란	가:결-안:
가격현실화	價格現實化	가겨컨:실화	가:격현:실화:
가곡원류	歌曲源流	가고궐류	'가곡원류
각개격파	各個擊破	가깨격파	각ː개격ː파
각고정려	刻苦精勵	가꼬정녀	각ː고'정려:
각막이식	角膜移植	강마기식	각ː막'이식
간접흡연	間接吸煙	간:저프변	간:접흡ː연
민족양식	民族良識	민종냥식	'민족'양식
조국애	祖國愛	조구개	조:국애:
조각가	彫刻家	조가까	'조각가
주객일체	主客一體	주개길체	주:객일ː체
주객일치	主客一致	주개길치	주:객일ː치
주기도문	主祈禱文	주기도문	주:-'기도:문
주도면밀	周到綿密	주도면밀	'주도:'면밀
주식공개	株式公開	주시꽁개	'주식공개
주식금융	株式金融	주시끄:뮹/주시끔·늉	'주식금융
중국요리	中國料理	중궁뇨리	'중국'요리
중궁전	中宮殿	중궁전	중궁전:
중궁마마	中宮媽媽	중궁마:마	중궁마:마
중복과세	重複課稅	중:보꽈세	'중복과:세
중석기시대	中石器時代	중서끼시대	중석ː기'시대:
중력가속도	重力加速度	중:녀까속또	중:력'가속도:

표제어		KBS 표준한국어대사전 감수/김석득,이현복, 유재원	최한룡의 방법
청각교육	聽覺敎育	청가꾜:육	′청각교:육
청구자금	請求資金	청구자:금	청:구자금
하후하박	何厚何薄	하후하박	′하후:′하박
학급문고	學級文庫	하끕문고	학:급′문고:
학연	學緣	하견	학:연
학형	學兄	하켱	학:형
학회	學會	하쾨/하퀘	학:회
국가	國家/國歌	구까	국:가
국가원수	國家元首	구까원수	국:가′원수:
국가개방	國家開放	구까개방	국:가′개방:
자유국가	自由國家	자유구까	자:유국:가
국고	國庫	구꼬	국:고
국공	國共	구꽁	국:공
국립국악원	國立國樂院	궁닙꾸가권	국:립국:악원:
습포	濕布	스포	습:포
습해	濕害	스패	습:해
족하	足下	조카	족:하
측각기	測角器	츠까끼	측:각기
측경기	測徑器	츠켱기	측:경기
폭우	暴雨	포구	폭:우
폭한	暴寒/暴漢	포칸	폭:한
폭행죄	暴行罪	포캥죄/포캥줴	폭:행죄:
진관외동	津寬外洞	진과뇌동/진과눼동	진관외:동
진관내동	津寬內洞	진관내동	진관내:동
국내	國內	궁내	국:내
국내	局內	궁내	국:내

표제어		KBS 표준한국어대사전 감수/김석득,이현복, 유재원	최한룡의 방법
궁내	宮內	궁내	ˈ궁내ː
국내문제	國內問題	궁내문ː제	국ː내문ː제
국내정세	國內情勢	궁내정세	국ː내ˈ정세ː
국내통신	國內通信	궁내통신	국ː내ˈ통신ː
궁리	窮理	궁니	ˈ궁리ː
국리	國利	궁니	국ː리
국리민복	國利民福	궁니민복	국ː리ˈ민복
국민	國民	궁민	국ː민
궁민	窮民	—	궁민
국민투표	國民投票	궁민투표	국ː민ˈ투표ː
국민교육헌장	國民教育憲章	궁민교ː유컨ː장	국ː민교ː육헌ː장
궁립	宮立	—	ˈ궁립
국립	國立	궁닙	국ː립
국립경찰	國立警察	궁닙꼉ː찰	국ː립경ː찰
국립공보관	國立公報館	궁닙꽁보관	국ː립ˈ공보ː관ː
국립공원	國立公園	궁닙꽁원	국ː립공원
국립과학관	國立科學館	궁닙꽈하꽌	국ː립ˈ과학관ː
국립국악원	國立國樂院	궁닙꾸가권	국ː립국ː악원ː
국립극장	國立劇場	궁닙끅짱	국ː립극ː장
국립대학	國立大學	궁닙때ː학	국ː립대ː학
국립도서관	國立圖書館	궁닙또서관	국ː립도서관ː
국립박물관	國立博物館	궁니빵물관	국ː립박ː물관ː
간여	干與	가녀	ˈ간여ː
간예	干預	가녜	ˈ간예ː
간음	幹音	가늠	간ː음
간접비	間接費	간ː저삐	간ː접-비ː

표제어		KBS 표준한국어대사전 감수/김석득,이현복, 유재원	최한룡의 방법
간증	干證	간증	′간증:
간증	癎症	간:증	′간증:
갈색인종	褐色人種	갈쌔긴종	갈ː색′인종:
갈수위	渴水位	갈쑤위	갈ː수-위:
갈조식물	褐藻植物	갈쪼싱물	갈ː조-식ː물
감독위원	監督委員	감도귀원	′감독-위:원
감독관	監督官	감도꽌	′감독-관
개국공신	開國功臣	개구꽁신	′개국-공신
개기식	皆旣蝕	개기식	′개기:식
개기월식	皆旣月蝕	개기월씩	′개기:-월ː식
개축공사	改築工事	개:추꽁사	개ː축-′공사:
객관묘사	客觀描寫	개꽌묘:사	객ː관-′묘사:
객거	客居	개꺼	객ː거
객고	客苦	개꼬	객ː고
객관	客館/客觀	개꽌	객ː관
객관성	客觀性	개꽌썽	객ː관-성:
객관화	客觀化	개꽌화	객ː관-화:
객귀	客鬼	개뀌	객ː귀
객기	客氣	개끼	객ː기
객반위주	客反爲主	객빠뉘주	객ː반-′위수:
객인	客人	개긴	객ː인
객월	客月	개궐	객ː월
객인환대	客人歡待	개긴환대	객ː인-′환대:
건성늑막염	乾性肋膜炎	건성능망념	′건성:늑ː막염
걸구	乞求	걸구	걸ː구
걸기	傑氣	걸끼	걸ː기

표제어		KBS 표준한국어대사전 감수/김석득,이현복, 유재원	최한룡의 방법
걸인	乞人/傑人	거린	걸:인
문리	文理	물리	′문리:
물리	物理	물리	물:리
문리대	文理大	물리대	′문리:-대:
문리과	文理科	물리꽈	′문리:-과
물리광학	物理光學	물리광학	물:리′광학
물리요법	物理療法	물리요뻡	물:리요:법
물리치료	物理治療	물리치료	물:리′치료:
물리화학	物理化學	물리화학	물:리화:학
문란	紊亂	물란	문:란
물망	物望	물망	물:망
물망초	勿忘草	물망초	물:망-초:
물물교환	物物交換	물물교환	물:물-′교환:
물상객주	物商客主	물쌍객쭈	물:상객:주
물신숭배	物神崇拜	물씬숭배	물:신′숭배:
물심양면	物心兩面	물씸냥:면	물:심양:면
물적담보	物的擔保	물쩍땀보	물:적′담보:
물적증거	物的證據	물쩍쯩거	물:적증:거
물적현상	物的現象	물쩌껸:상	물:적현:상
물적회사	物的會社	물쩌쾨:사/물쩌퀘:사	물:적회:사
물질문화	物質文化	물찔문화	물:질′문화:
물질주의	物質主義	물찔주이	물:질주:의
물품세	物品稅	물품쎄	물:품-세:
물화	物化/物貨	물화	물:화
민감	敏感	민감	민:감
민경	民警	민경	′민경:

표제어		KBS 표준한국어대사전 감수/김석득,이현복, 유재원	최한룡의 방법
민국	民國	민국	ˈ민국
민권당	民權黨	민꿘당	민권-당ː
민권확장	民權擴張	민꿘확짱	민권-확ː장
민달	敏達	민달	민ː달
민도	民度	민도	ˈ민도ː
민선의원	民選議員	민서늬원	ˈ민선ː의ː원

이상 국어학계가 범하고 있는 학문상의 오류의 유형을 더듬어 보았습니다. 설명의 편의상 토막토막으로 다루었기 때문에 이해理解가 되셨는지 모르겠습니다.

서문序文이라는 것이 예例를 벗어나 너무 길어지는데 저술著述의 경험이 없고 문재文才도 없는데다 할 이야기는 많아서 우스꽝스러운 서문이 되어 갑니다마는, 서문만을 읽어도 전권全卷의 윤곽輪廓은 알 수 있도록 이야기를 좀 더 계속해야겠습니다.

일본이 일한병합日韓倂合이라는 형식으로 대한제국大韓帝國을 삼켜 버린 것이 1910년입니다. 일본은 새로 얻은 식민지植民地를 통치統治하자니 일본인 통치요원들이 조선어朝鮮語를 알 필요가 생긴 것입니다. 그래서 1911년에 조선총독부朝鮮總督府 안의 취조국取調局이라는 관서官署에 맡겨 조선어朝鮮語 사전辭典의 편찬에 착수해서 10년 만인 1920년에 그 사전이 발행되었다고 합니다. 총독부에서는 1,000부를 인쇄印刷해서 필요한 방면에 배부配付했는데, 도저히 일반一般의 수요需要에는 응할 수가 없어서 특히 인쇄사印刷者에게 실비實費에 가까운 값으로 발매發賣할 것을 허許하였다고 합니다.

이것이 조선어朝鮮語의 발음發音을 오도誤導한 원조元祖입니다. 아니 원흉元兇입니다.

여기서는 총독부 사전의 한자어 발음의 장단長短만을 문제삼겠습니다.

사전辭典이 없던 조선에 사전이라는 것이 나오니 사전에는 오류誤謬가 없다는 선입견先入見에만 사로잡혀 사전에 있는 엄청나게 많은 오류를 발견하지 못하고 오류를 정상正常인 것으로 받아들이고 만 것입니다. 정상 성인成人 한국인이면 첫눈에 오류로 판정判定이 날 것들을 소위所謂 학자學者들이 알아차리지 못하는 것입니다. 거짓말 같은 참말이 한국어학계韓國語學界에서는 79년째 이어오고 있습니다.

'主人(주:인)'을 우리 소위 국어학자들은 '主人(주인)'이 표준 발음이라고 합니다. '主人(주:인)'이라는 말은 학자들만이 쓰는 말이 아닙니다. 유치원幼稚園의 어린이까지 쓰는 말입니다. 그런데 제가 듣기로는 모두 '主人(주:인)'이라고 발음하지 '主人(주인)'이라고 하는 사람은 한 사람도 보지 못했습니다. 그런데 총독부 사전을 비롯하여 지금까지 나온 모든 사전에는 예외 없이 '主人(주인)'이 표준標準이라고 합니다.

총독부 사전에는 제1음절이 '主'자字로 된 것이 55항項이 나오는데 '主上(주:상)'만은 장음長音으로 읽고 있습니다. 실수失手였는지 어찌된 영문인지는 몰라도 '主上(주:상)'만은 바르게 읽고 있습니다. '主(주:)'자는 상성우운上聲麌韻에 속하는 자字로 짧게는 읽지 않는 자입니다. '主(주:)'는 사용 빈도使用頻度가 아주 높은 자인데 거의 모두를 짧게 읽고 있습니다. 어쩌다가 主上(주:상), 主着(주:착), 主席(주:석) 등을 바르게 읽은 사전이 보이지만, 主事(주:사), 主義(주:의), 主權(주:권), 公主('공주:), 民主主義('민주:주:의), 神主('신주:), 英主('영주:) 등 수많은 다른 '主'자字는 바르게 읽은 사전이 하나도 없습니다.

神州(신주)와 神主('신주:), 公州(공주)와 公主('공주:), 榮州(영주)와 英主('영주:)를 귀로써는 구별을 못 한다니 그 사람들도 한국 사람입니까? 柱式('주식)과 主食(주:식), 周人(주인)과 主人(주:인), 朱砂(주사)와 主事(주:사), 朱君(주군)과 主君(주:군), 星州(성주)와 城主('성주:), 神州(신주)와 神主('신주:), 公州(공주)와 公主('공주:), 榮州(영주)와 英主('영주:)가 같게 들린다고 하니 저와 동시대同時代를 조국祖國에서 살고 있는 한국인이라는 느낌이 들지 않습니다. 한국에 온 지가 얼마 안 되는 외국인 같은 느낌입니다. 그 사람들이 박사博士요, 교수敎授요, 국어 선생國語先生님들이라고 합니다. 뭔가 잘못된 것 아닙니까?

한글학회 '우리말 큰사전'이라는 것에는 '主義(주의:)', '主事(주사:)', '民主主義(민주주의:)'라고 딴 소리를 합니다.

'主(주:)'자 하나 틀린 것을 생트집 잡는 것이 아닙니다. 수만數萬 항項의 오류를 범하고 있는 소위 사전이 수두룩합니다.

議員(의:원), 議長(의:장), 議會(의:회), 開議('개의:)를 바르게 읽은 사전이 하나도 없습니다.

議員(의원), 議長(의장), 議會(의회), 開議(개의)가 표준 발음이라고 하는데, 한글학회는 議長(의장:), 議會(의회:)만은 또 다른 발음입니다.

政府(정:부), 政策(정:책), 政黨(정:당), 軍政('군정:), 民政('민정:), 行政('행정:)을 바르게 읽은 사전이 없습니다. 政府(정부), 政策(정책), 政黨(정당), 軍政(군정), 民政(민정), 行政(행정)이 표준 발음이라고 합니다. '政(정:)'을 짧게 읽는 자字로 알고 있기 때문에 범한 짓들입니다. 모든 '政(정:)'자字를 잘못 읽고 있습니다. 軍情(군정)과 軍政('군정:), 民情(민정)과 民政('민정:), 通情(통정)과 通政('통정:)을 구별區別 못 한다고 합니다. 그러면서 교수요, 박사라고 으스댑니다. 국보國寶라고 자칭하며 까불어댔던 사람도 있었습니다.

黨派(당:파), 黨員(당:원), 黨爭(당:쟁), 徒黨('도당:), 朋黨('붕당:), 民主黨('민주:당:), 共産黨(공:산당:)을 바르게 읽은 사전이 하나도 없습니다. 黨派(당파), 黨員(당원), 黨爭(당쟁), 徒黨(도당), 朋黨(붕당), 民主黨(민주당), 共産黨(공:산당)이 표준 발음이라고 합니다.

價値(가:치), 價額(가:액), 價格(가:격), 單價('단가:), 原價('원가:), 船價('선가:), 高價('고가:), 工價('공가:), 公正價('공정:가:)를 문세영文世榮 저著 '조선어 사전朝鮮語辭典'이 價額(가:액), 價格(가:격)만을 바르게 읽었을 뿐 모든 사전이 오독誤讀하고 있습니다. 문씨가 왜 2개 항만은 장음長音으로 읽었는지도 알 수가 없습니다. 총독부 사전이 음운音韻의 체계體系를 무시하고 미친년 널뛰듯 하고 있으니 79년간 소위 국어학자라는 사람들이 단 한 사람도 음운의 체계를 발견하지 못합니다. 같은 식式으로 널을 뛰고 있습니다.

한자어漢字語의 한국어적韓國語的 독법讀法은 평성자平聲字는 짧게 읽고 상·거성자上·去聲字는 길게 읽습니다. 입성자入聲字(終聲이 ㄱ, ㄹ, ㅂ인 字)도 짧게 읽는데 장단長短의 대립對立은 없습니다. 입성자入聲字에 1음절音節이 더 붙으면 세1음질인 입성자외 존성終聲이 장자음화長子音化합니다. 장음절長音節이 둘 겹쳐서 숙어熟語를 이루면 제2음절인 장음長音은 단음短音으로 바꾸어 읽습니다. 평성자平聲字(짧게 읽는 字)에 측성자仄聲字(上·去·入)가 붙어서 숙어를 이루면 제1음절에는 강세強勢, 악센트를 가합니다. 단음절單音節인 평성자平聲字도 강세를 가해서 발음하지만 이때는 저는 부호符號를 절약節約합니다. 예시例示를 하면 다음과 같습니다.

主人(주:인), 神主('신주:), 後主(후:주), 客主(객˚주), 物主(물˚주), 接主(접˚주), 東道主('동도:주)

議會(의:회), 開議('개의:), 動議(동:의), 閣議(각˚의), 物議(물˚의), 協議(협˚의), 大禮議(대:례-의:)

政府(정:부), 軍政('군정:), 善政(선:정), 國政(국͈정), 失政(실͈정), 攝政(섭͈정), 共和政(공:화-정:)

黨派(당:파), 新黨('신당:), 政黨(정:당), 惡黨(악͈당), 脫黨(탈͈당), 合黨(합͈당), 韓獨黨('한독당:)

價値(가:치), 單價(단가:), 定價(정:가), 穀價(곡͈가), 物價(물͈가), 給價(급͈가), 販賣價(판:매가:)

韓人(한인), 新韓(신한), 韓氏('한씨:), 韓國('한국), 韓日('한일), 韓法('한법), 淸州韓(청주한)

童蒙(동몽), 神童(신동), 童子('동자:), 童僕('동복), 童髮('동발)

冬期(동기), 嚴冬(엄동), 冬至('동지:), 冬學('동학), 冬節('동절), 冬葉('동엽)

저는 한자漢字의 음音과 뜻을 알려면 자전字典을 봅니다. 우리 국어학자들은 자전을 볼 줄 모르거나 보지 않거나 둘 중 하나일 것입니다. 그렇지 않고서야 사전이라는 것이 이렇게 엉망진창으로 되지는 않았을 것입니다.

뜻訓과 음音은 국문國文 또는 한문漢文으로 되어 있으니까 그것을 해독할 능력만 있으면 되지만, 장단長短은 장단으로 표시해 놓지 않았습니다. 해당 운목자韻目字를 달아 놓았는데 그것을 한국어로서는 평성자平聲字는 짧게 읽고 상·거성자上·去聲字는 길게 읽는 것입니다. 부호符號로 보는 것입니다. 요즘 자전字典에서 사용하는 백육운百六韻인 평수운平水韻은 다음 표와 같습니다.

平聲共三十	東一	冬二	江三	支四	微五	魚六	虞七	齊八	佳九	灰十		眞十一	文十二	元十三	寒十四
上聲共二十九	董一	腫二	講三	紙四	尾五	語六	麌七	薺八	蟹九	賄十		軫十一	吻十二	阮十三	旱十四
去聲共三十	送一	宋二	絳三	寘四	未五	御六	遇七	霽八	泰九	卦十	隊十一	震十二	問十三	願十四	翰十五
入聲共十七	屋一	沃二	覺三									質四	物五	月六	曷七

咸三十	鹽二十九	覃二十八	侵二十七	尤二十六	蒸二十五	青二十四	庚二十三	陽二十二	麻二十一	歌二十	豪十九	肴十八	蕭十七	先十六	刪十五
豏二十九	琰二十八	感二十七	寢二十六	有二十五	迥二十四	迥二十四	梗二十三	養二十二	馬二十一	哿二十	皓十九	巧十八	篠十七	銑十六	潸十五
陷三十	豔二十九	勘二十八	沁二十七	宥二十六	徑二十五	徑二十五	敬二十四	漾二十三	禡二十二	箇二十一	号二十	效十九	嘯十八	霰十七	諫十六
洽十七	葉十六	合十五	緝十四		職十三	錫十二	陌十一	藥十						屑九	黠八

35

'氣(기:)'는 거성 미운去聲 未韻입니다. 그런데 우리 국어학자들은 단음절短音節로 읽고 있습니다. 氣運(기:운), 氣力(기:력), 剛氣('강기:), 元氣('원기:), 空氣('공기:), 精氣('정기:)를 바르게 읽은 사전이 하나도 없습니다.

起(上紙), 忌(上紙), 矯(上紙), 紀(上紙), 綺(上紙), 己(上紙), 杞(上紙)는 모두 '기:'이며, 우리 사전들은 예외없이 짧게 읽었는데 잘못 읽은 것입니다.

寄(去寘), 記(去寘), 冀(去寘), 驥(去寘)도 모두 '기:'인데 우리 사전들은 예외없이 틀리게 읽었습니다. 상성上聲과 거성去聲은 모두 길게 읽습니다. 귀로는 구별을 못 합니다.

祖父(조:부), 曾祖('증조:), 高祖('고조:), 元祖('원조:), 五代祖(오:대조:), 父母(부:모), 親父('친부:), 生父('생부:), 收養父('수양:부:), 子孫(자:손), 孫子('손자:), 親子('친자:), 天子('천자:), 王子('왕자:), 曾子('증자:), 程子('정자:), 朱子('주자:), 顏子('안자:), 子思子(자:사자:), 收養子('수양:자:), 加俸子('가봉:자:), 女兒(여:아), 女子(여:자), 男女('남녀:), 孫女('손녀:), 王女('왕녀:), 皇女('황녀:), 仙女('선녀:), 貞女('정녀:), 童貞女(동정녀:), 收養女('수양:녀:), 姊氏(자:씨), 姊妹(자:매), 姊母(자:모), 妹氏(매:씨), 妹夫(매:부)를 바르게 읽은 사전이 하나도 없습니다. 祖(조:), 父(부:), 女(녀:), 子(자:), 姊(자:), 妹(매:)를 짧게 읽는 자字로 잘못 알고 있기 때문입니다.

'字(자:)'는 거성 치운去聲 寘韻입니다. 우리 국어학자들은 예외없이 짧게 읽고 있습니다. 字典(자:전), 文字('문자:), 新字('신자:), 千字文('천자:문)을 바르게 읽은 사전이 하나도 없습니다.

地(지:)는 거성 치운去聲 寘韻입니다. 이 자를 우리 국어학자들은 예외없이 짧게 읽고 있습니다. 地方(지:방), 天地('천지:), 山地('산지:), 平地('평지:), 陽地('양지:), 敷地('부지:), 空閑地(공한지:), 遊休地(유휴지:)를 바르게 읽은 사전이 하나도 없습니다. 旨, 指, 志, 至, 智, 址, 趾, 止, 紙, 誌는 모두 '지:'입니다. 짧게는 읽지 않습니다. 환경環境의 영향影響을 받지 않는 위치位置에서는 언제나 길게만 읽는 자字입니다. 그런데 우리 소위 학자님들은 짧게만 읽지 길게 읽은 학자가 한 분도 안 계십니다.

體(체:)는 상성 제운上聲 薺韻입니다. 그런데 사전들은 이 자를 짧게 읽기 때문에 體格(체:격), 體操(체:조), 身體('신체:), 團體('단체:), 全體('전체:), 同體('동체:), 機體('기체:), 生體('생체:), 共同體(공:동체:) 등을 바르게 읽은 것이 하나도 없습니다. 替, 締, 滯, 逮, 諦, 剃, 涕는 모두 '체:'인데, 사전들은 예외없이 짧게 읽고 있습니다.

草(초:)도 길게 읽는 자인데 바르게 읽은 사전이 하나도 없습니다. 草家(초:가), 草木(초:목), 花草('화초:), 生草('생초:), 煙草('연초:), 長草('장초:), 蘭草('난초:), 甘托('감초:), 不老草(불˚로초:)를 바르게 읽은 것이 없습니다.

水(수:)는 상성 지운上聲 紙韻입니다. 길게만 읽는 자인데 우리 사전들은 예외없이 짧게 읽고 있습니다. 水道(수:도), 水利(수:리), 水分(수:분), 生水('생수:), 溫水('온수:), 淸水('청수:), 飮料水(음:료수:) 등을 바르게 읽은 것이 없습니다. '水道물(수:도물)'은 '수돗물'이라고 신문에도 적고 있습니다.

手(수:)는 상성 유운上聲 有韻입니다. 그런데 사전들은 手巾(수:건)만 바르게 읽고 있을 뿐, 모두 짧게 읽고 있습니다. 불가사의不可思議한 일입니다. 手工(수:공), 手術(수:술), 手上(수:상), 先手('선수:), 新手('신수:), 單手('단수:), 空手來空手去('공수:래-'공수:거:) 등을 바르게 읽은 사전이 없습니다. 受, 樹, 守, 獸, 瘦, 嫂, 壽, 髓, 狩, 秀, 授, 袖, 邃, 穗, 堅, 睡, 粹, 嗽, 岫, 首는 모두 '수:'입니다. 길게만 읽는 자입니다. 그런데 사전들은 예외없이 틀리게 읽고 있습니다.

領(령:), 嶺(령:)은 짧게는 읽지 않는 자인데 사전은 모두 예외없이 짧게 읽었습니다. 중학교中學校 국어國語 교과서敎科書 2-2에는 '永東'은 '영:동'이고 '嶺東'은 '영동'으로 발음이 다르다고 합니다. 사전들에는 예외없이 嶺東(영동), 嶺南(영남)으로 되어 있습니다. 틀린 발음입니다.

太(태:), 泰(태:), 兌(태:), 汰(태:)는 모두 거성 태운去聲 泰韻으로 발음이 똑같습니다. 짧게는 읽지 않는 자인데 우리 사전들은 예외없이 짧게 읽고 있습니다. 明太('명태:), 生太('생태:), 新太('신태:), 黃太('황태:), 奸太('간태:), '노랑태:'를 점잖으신 국어학자님들은 들어 본 적이 없으신가 봅니다. 어물魚物 시장市場에나 들락거리는 천賤한 사람들의 말이라 모르는 것이 당연當然하다고 생각하시는가 봅니다. 泰山(태:산)을 국어학자들은 泰山(태산)이라고 합니다. 泰安(태:안), 安泰('안태:), 太平(태:평), 兌換(태:환), 兌卦(태:괘), 淘汰('도태:), 沙汰('사태:)처럼 읽어야 합니다. '泰(태:)'는 거성去聲의 운목자韻目字입니다.

許(허:), 證(증:)도 바르게 읽은 사전이 하나도 없습니다. 모두 짧게 읽고 있습니다.

許可(허:가)를 許可(허가)라고 읽고 있습니다. 公許('공허:)를 公許(공허)로 읽고 있습니다. 虛家(허가)와 許可(허:가), 空虛(공허)와 公許('공허:)를 귀로써 구별 못 한다고 합니다.

한글학회의 '우리말 큰사전'이라는 것에는 許可(허가:)라고 합니다. 이런 발음을 들어 보신

적이 있습니까? 許氏(허:씨)입니까? 許氏('허씨:)입니까? 한글학회 회장님은 許雄氏(허:웅 씨:)입니까? 許雄氏(허웅 씨)입니까?

證人(증:인), 證據(증:거), 公證('공증:)을 바르게 읽은 사전이 하나도 없습니다.

本(본:)은 상성 완운上聲 阮韻입니다. 그런데 사전들은 짧게 읽고 있습니다. 本人(본:인), 本家(본:가), 本貫(본:관), 本國(본:국), 基本('기본:), 根本('근본:), 原本('원본:), 單本('단본:), 木版本(목ː판본:), 筆寫本(필ː사본:)을 바르게 읽은 사전이 하나도 없습니다.

贈職(증:직), 贈呈(증:정), 贈與(증:여), 贈賄罪(증:회-죄:)를 贈職(증직), 贈呈(증정), 贈與(증여/증여:), 贈賄罪(증횟죄/증횟쮀/증회:죄/증횟:죄:)라고 합니다.

요즘은 '아르바이트생生'이라고 하는 말을 쓰지마는 제가 젊었을 때는 '苦學生(고:학-생:)'이라고 했습니다. 우리 국어학자들은 苦(고:)를 모두 짧게 읽는다고 합니다. 苦心(고:심), 苦痛(고:통), 苦悶(고:민), 呻苦('신고:), 辛苦('신고:), 同苦同樂('동고:'동락), 苦戰(고:전), 勞苦('노고:), 苦言(고:언, 甘苦('감고:), 貧苦('빈고:), 寒苦('한고:), 憂苦('우고:), 愁苦('수고:), 窮苦('궁고:), 生活苦('생활-고:), 民生苦(민생-고:)처럼 읽는 것이 제 발음입니다.

拷問(고:문), 顧問(고:문)이 옳은 발음인데 사전들은 拷問(고문), 顧問(고문)이 표준 발음이라고 합니다.

한글학회는 拷問(고문:), 顧問(고문:)이라고 합니다. 回顧('회고:), 恩顧('은고:)가 바른 발음입니다.

雇員(고:원), 雇用(고:용)을 바르게 읽은 사전이 하나도 없습니다.

印(인:), 忍(인:), 靭(인:), 吝(인:), 認(인:)을 국어학자들은 짧게 읽는 자라고 합니다. 印鑑(인:감)은 印鑑(인감), 印章(인:장)은 印章(인장), 印刷(인:쇄)는 印刷(인쇄), 私印('사인:)은 私印(사인), 官印('관인:)은 官印(관인), 忍耐(인:내)는 忍耐(인내), 忍苦(인:고)는 忍苦(인고), 靭帶(인:대)는 靭帶(인대), 吝嗇(인:색)은 吝嗇(인색), 認定(인:정)은 認定(인정), 認可(인:가)는 認可(인가/인가:), 承認('승인:)은 承認(승인), 公認('공인:)은 公認(공인), 官認('관인:)은 官認(관인)이 표준 발음이라고 합니다.

胃(위:), 渭(위:), 謂(위:), 蝟(위:), 緯(위:), 魏(위:), 尉(위:), 慰(위:), 位(위:), 僞(위:), 衛(위:)는 모두 거성자去聲字이고, 偉(위:), 葦(위:)는 상성자上聲字로서 모두 길게 읽는 자입니

다. 그런데 우리 소위 사전들은 모두 짧게 읽고 있습니다. 잘못 읽은 것입니다. 胃腸(위:장), 腸胃('장위:), 開胃('개위:), 反芻胃(반:추-위:), 渭城柳(위:성-류:), 渭陽丈(위:양-장:), 涇渭('경위:), 無謂('무위:), 云謂('운위:), 稱謂('칭위:), 蝟集(위:집), 蝟縮(위:축), 緯度(위:도), 南緯('남위:), 經緯('경위:), 魏나라(위:'나라:), 魏志(위:지), 尉官(위:관), 中尉('중위:), 慰問(위:문), 慰勞(위:로), 慰安(위:안), 安慰('안위:), 位置(위:치), 位相(위:상), 方位('방위:), 神位('신위:), 不遷位(불:천-위:), 爵洗位(작°세-위:), 僞造(위:조), 僞證(위:증), 僞善(위:선), 眞僞('진위:), 虛僞('허위:), 衛生(위:생), 衛戍(위:수), 防衛('방위:), 偉人(위:인), 偉大(위:대), 偉業(위:업), 魁偉('괴위:), 奇偉('기위:)처럼 읽어야 바른 발음입니다. 그런데 한글학회 '우리말 큰사전'이 云謂(운위:)로 읽었을 뿐입니다. 한글학회도 稱謂('칭위:)의 謂(위:)는 왜 짧게 읽었는지 모르겠습니다. 云謂(운위:)로 읽은 것이 착오가 아니라면 어떻게 설명됩니까? 腹然(위:연)도 바르게 읽은 사전이 없습니다.

拷問(고:문)의 해석解釋이 다를 수는 있고 실지實地로 있었습니다. 고추가루물을 코에 드리우면서 묻는 것은 拷問(고:문)이지만, 주먹으로 책상을 탁 치는 소리에 놀라서 죽은 것은 拷問死(고:문사:)가 아니라고 한 어른도 있었습니다. '拷問(고문)'은 어떻게 묻는 것이 拷問(고문)입니까? 놀라지 않도록 살며시 묻는 것입니까? 拷(고)로 짧게 읽으면 拷問('고문:)처럼 되어 버립니다. 발음이 高門(고문)과는 또 다릅니다.

氏(씨:)를 우리 국어학자들은 짧게 읽는 자라고 합니다. 氏族(씨:족), 氏名(씨:명), 金氏('김씨:), 姜氏('강씨:), 高氏('고씨:), 丁氏('정씨:), 天皇氏(천황씨:), 神農氏(신농씨:), 伏犧氏(복°희씨:), 皇甫氏('황보:씨:), 東方氏(동방씨:)처럼 읽어야 합니다. 본음(本音)은 氏(시:)입니다. 경상慶尙 방언方言에서도 氏(시:)입니다. 雙(쌍)도 본음은 '상'이고 喫(끽)도 본음은 '각'입니다.

酉(유:), 誘(유:), 復(유:), 幼(유:)는 모두 상성 유운上聲 有韻이고, 乳(유:), 愈(유:), 癒(유:), 庾(유:)는 상성 우운上聲 麌韻입니다. 裕(유:)는 거성 우운去聲 遇韻입니다. 釉(유:)는 거성 유운去聲 宥韻입니다. 諭(유:)는 거성 우·유운去聲 遇·宥韻입니다. 위에 열거한 11자字는 모두 길게만 읽는 자인데 사전들은 짧게만 읽고 있습니다. 酉年(유:년), 丁酉('정유:), 誘導(유:도), 懷誘('회유:), 鍮銅鑛(유:동-광:), 幼兒(유:아), 童幼('동유:), 乳房(유:방), 乳液(유:액), 牛乳('우유:), 羊乳('양유:), 愈甚(유:심), 癒着(유:착), 庾廩(유:름), 裕福(유:복), 豊裕('풍유:), 釉藥(유:약), 諭書(유:서) 등을 모두 바르게 읽지 못합니다.

覽(람:)은 거성 감운去聲 感韻 입니다. 사전들은 예외없이 짧게 읽고 있습니다. 覽古(남:고), 覽觀(남:관), 觀覽('관람:), 回覽('회람:), 親覽('친람:), 台覽('태람:) 등을 바르게 읽는 학자가 없습니다.

九, 狗, 具, 柩, 究, 矩, 購, 嘔, 構, 寇, 臼, 垢, 舅, 廐, 咎는 모두 길게 '구:'로 읽는 자인데 우리 국어사전에서는 짧게 읽고 있습니다.

者(자:)는 짧게는 읽지 않는 자입니다. 强者('강자:), 當者('당자:), 農者('농자:), 仁者('인자:), 憂者('우자:), 愚者('우자:)를 바르게 읽은 사전이 없습니다.

自(자:)도 길게만 읽고 짧게는 읽지 않는 자입니다. 그런데 우리 국어학자들은 예외없이 짧게 읽고 있습니다. 自己(자:기), 自由(자:유), 自我(자:아), 自動(자:동), 自轉(자:전), 自殺(자:살), 自害(자:해) 등을 바르게 읽은 국어학자가 없습니다. 한글학회는 自動(자동:), 自我(자아:), 自轉(자전:), 自害(자해:)라고 하는데 한글학회는 제2음절의 장음長音을 인정하기 때문에 또 다른 소리를 내는 것입니다.

米(미:), 味(미:)도 米穀(미:곡), 米色(미:색), 米麥(미:맥), 玄米('현미:), 新米('신미:), 精米所('정미:소:), 味覺(미:각), 味元(미:원), 眞味('진미:), 甘味('감미:), 辛味('신미:)처럼 길게 읽어야 하는데 사전들은 짧게 읽고 있습니다. 그런데 한글학회는 '米色(미:색)'만은 바르게 읽었는데, 이것은 또 어찌된 현상現象인가요? 돌연변이突然變異라서 설명이 안 되는 현상인가요?

敏(민:), 閔(민:), 悶(민:), 憫(민:), 泯(민:), 愍(민:), 黽(민:)도 모두 길게 읽는 자입니다. 그런데 우리 사전들은 짧게 읽고 있습니다.

判(판:), 販(판:), 版(판:), 板(판:), 坂(판:), 阪(판:), 辦(판:), 瓣(판:)은 모두 길게만 읽는 자입니다. 그런데 우리 사전들은 예외없이 짧게 읽고 있습니다.

표제어		표준한국어발음대사전 KBS편저 감수/김석득,이현복, 유재원	최한룡 주장
애견	愛犬	애견	애:견
애교	愛嬌	애교	애:교
애국	愛國	애국	애:국

표제어		표준한국어발음대사전 KBS편저 감수/김석득, 이현복, 유재원	최한룡 주장
애국가	愛國歌	애국가	애:국가
애국심	愛國心	애국씸	애:국심
애국열	愛國熱	애궁녈	애:국열
애국자	愛國者	애국짜	애:국자:
애국정신	愛國精神	애국찡신	애:국정신
애기	愛妓/愛機	애:기	애:기
애독	愛讀	애독	애:독
애독자	愛讀者	애독짜	애:독자:
애마	愛馬	애마	애:마
애모	愛慕	애모	애:모
애무	愛撫	애무	애:무
애물	愛物	애물	애:물
애민	愛民	애민	애:민
애송	愛誦	애송	애:송
애송시	愛誦詩	애송시	애:송시
애연	愛煙	애연	애:연
애연가	愛煙家	애연가	애:연가
애완동물	愛玩動物	애완동·물	애:완동·물
애완용	愛玩用	애완뇽	애:완용:
애욕	愛慾	애욕	애:욕
애용	愛用	애용	애:용
애인	愛人	애인	애:인
애인여기	愛人如己	애인녀기	애:인′여기:
애정	愛情	애정	애:정
애족	愛族	애족	애:족
애주	愛酒	애주	애:주

표제어		표준한국어발음대사전 KBS편저 감수/김석득,이현복, 유재원	최한룡 주장
애주가	愛酒家	애주가	애:주가
애증	愛憎	애증	애:증
애지중지	愛之重之	애지중:지	애:지중:지
애착	愛着	애착	애:착
애찬	愛餐	애:찬	애:찬
애창	愛唱	애창	애:창
애창곡	愛唱曲	애창곡	애:창곡
애처	愛妻	애처	애:처
애처가	愛妻家	애처가	애:처가
애첩	愛妾	애첩	애:첩
애청	愛聽	애청	애:청
애칭	愛稱	애칭	애:칭
애타심	愛他心	애타심	애:타심
애타주의	愛他主義	애타주이	애:타주:의
애향	愛鄕	애향	애:향
애향심	愛鄕心	애향심	애:향심
애호	愛好	애호	애:호
애호가	愛好家	애호가	애:호가
친애	親愛	치내	′친애:
조국애	祖國愛	조구개	조:국애:
자애	自愛/慈愛	자애	자:애/′자애:
자애심	慈愛心	자애심	′자애:심
자애주의	慈愛主義	자애주이	′자애:주:의
자애지정	慈愛之情	자애지정	′자애:지-정

斗(두:), 豆(두:), 痘(두:), 杜(두:)는 모두 길게 읽는 자인데 국어학자들은 예외없이 짧게 읽고 있습니다.

魯(로:), 鷺(로:), 櫓(로:), 禱(도:), 悼(도:), 棹(도:) 島(도:), 稻(도:), 禹(우:), 芋(우:), 舜(순:), 瞬(순:), 筍(순:), 諱(휘:), 土(토:), 釜(부:), 阜(부:), 埠(부:), 組(조:), 措(조:), 棗(조:), 沼(소:), 김(소:), 紹(소:), 腦(뇌:), 惱(뇌:), 齒(치:), 峙(치:), 稚(치:), 痔(치:)를 우리 소위 사전들은 짧게 읽고 있습니다. 그 것은 잘못입니다.

'愛(애:)'를 짧게 '愛(애)'로 읽어야 한다는 서글픈 학자들이 있습니다.

모든 '愛'를 짧게 읽었는데 '愛妓/愛機(애:기)', '愛餐(애:찬)'만을 길게 읽었습니다. 어떤 이유일까요? 웃기는 학자님들입니다.

지금까지 거론한 것은 한자漢字 중에서 길게만 읽는 자字, 즉 상성자上聲字와 거성자去聲字를 소위 국어학자들은 어떻게 읽고 있는가를 살펴보았습니다.

한자漢字 중에는 상성上聲으로만 읽는 자字가 있고, 거성去聲으로만 읽는 자가 있고, 상성上聲 또는 거성去聲의 어느 쪽으로 읽어도 되는 자가 있고, 상성上聲으로 읽을 때와 거성去聲으로 읽을 때에 따라 뜻이 달라지는 자가 있습니다. 상·거성上·去聲은 한국어에서는 길게 읽습니다. 그리고 언제나 짧게만 읽는 자가 있고, 장단長短 어느 쪽으로 읽어도 되는 자도 있고, 길게 읽느냐 짧게 읽느냐에 따라 뜻이 달라지는 자도 있습니다.

佳(가), 苟(가), 肝(간), 杆(간), 桿(간), 癎(간), 姦(간), 遷(천), 開(개), 姑(고), 攻(공), 科(과), 誇

표제어		KBS 표준한국어발음사전 전영우 저	최한룡 주장
가경	佳景	가경	'가경:
가작	佳作	가:작	'가작
가책	苛責	가:책	'가책
간경변증	肝硬變症	간:경변쯩	간-경:변증:
간성	杆城	간:성	간성
간균	桿菌	간:균	'간균:
간질	癎疾	간:질	'간질
간통	姦通	간:통	간통

표제어		KBS 표준한국어발음사전 전영우 저	최한룡 주장
개과천선	改過遷善	개:과천:선	개:과ʹ천선:
개진	開陳	개:진	개진
고식적	姑息的	고:식적	ʹ고식-적
고태의연	古態依然	고:태으이연	고:태의연
공격	攻擊	공:격	ʹ공격
과거	科擧	과:거	ʹ과거
과시	誇示	과:시	ʹ과시:
괴리	乖離	괴:리	괴리
근량	斤兩	글:냥	ʹ근량:
근력	筋力	글:력	ʹ근력
긍긍	兢兢	긍:긍	긍긍
긍지	矜持	긍:지	긍지
나례	儺禮	나:례	ʹ나례:
나포	拿捕	나:포	ʹ나포:
낭도	郎徒	낭:도	낭도
낭패	狼狽	낭:패	ʹ낭패:
농후	濃厚	농:후	ʹ농후:
당돌	唐突	당:돌	ʹ당돌
동경	憧憬	동:경	ʹ동경
동계	冬季	동:계	ʹ동계:
동공	瞳孔	동:공	ʹ동공:
동남	童男	동:남	동남
매거	枚擧	매:거	ʹ매거:
묘목	苗木	묘:목	ʹ묘목
묘사	描寫	묘:사	ʹ묘사:
무격	巫覡	무:격	ʹ무격
무고	誣告	무:고	ʹ무고:

표제어		KBS 표준한국어발음사전 전영우 저	최한룡 주장
무구	無垢	무ː구	ˈ무구ː
문경군	聞慶郡	문ː경군	ˈ문경ː-군ː
미풍	微風	미ː풍	미풍
배상	賠償	배ː상	배상
배석	陪席	배ː석	ˈ배석
배양	培養	배ː양	ˈ배양ː
배태	胚胎	배ː태	배태
범례	凡例	범ː례	ˈ범ː례
부연	敷衍	부ː연	ˈ부연ː
부적	符籍	부ː적	ˈ부적
분부	吩咐	분ː부	ˈ분부ː
비겁	卑怯	비ː겁	ˈ비겁
비단	緋緞	비ː단	ˈ비단
비대	肥大	비ː대	ˈ비대
비상	砒霜	비ː상	비상
비준	批准	비ː준	ˈ비준ː
사령장	辭令狀	사ː령장	ˈ사령ː-장ː
사모	紗帽	사ː모	ˈ사모ː
사설	辭說	사ː설	ˈ사설
사자후	獅子吼	사ː자후	ˈ사자ː-후ː
산성	酸性	산ː성	ˈ산성ː
서식	棲息	서ː식	ˈ서식
서천	舒川	서ː천	서천
서행	徐行	서ː행	서행
순간	旬間	순ː간	순간
시량	柴糧	시ː량	시량
시체	屍體	시ː체	ˈ시체ː

표제어		KBS 표준한국어발음사전 전영우 저	최한룡 주장
식자우환	識者憂患	식짜우:환	식:자'우환:(識字憂患)
신장	伸長	신:장	신장
아명	兒名	아:명	아명
암종	癌腫	암:종	'암종:
앙화	殃禍	앙:화	'앙화:
야유	揶揄	야:유	야유
연구	硏究	연:구	'연구:
오락	娛樂	오:락	'오락
요철	凹凸	요:철	'요철
원혼	寃魂	원:혼	원혼
응결	凝結	응:결	'응결
의례	依例	으이레	'의례:
의례	儀禮	으이레	'의례:
의식	衣食	으이식	'의식
임씨	任氏	임:씨	'임씨:
자기	磁氣	자:기	'자기:
자문	諮問	자:문	'자문:
장	腸	장:	장
장릉	莊陵	장:능	장릉
장신	裝身	장:신	장신
장의	張儀	장:이	장의
재배	栽培	재:배	재배
저공	低空	저:공	저공
전량	錢糧	절:냥	전량
전말	顚末	전:말	'전말
전방	廛房	전:방	전방
제공	提供	제:공	'제공:

표제어		KBS 표준한국어발음사전 전영우 저	최한룡 주장
조심	操心	조:심	조심
주판	珠板	주:판	′주판:
준공	竣工	준:공	준공
준법	遵法	준:법	′준법
중간	重刊	중:간	중간
진술	陳述	진:술	′진술
차단	遮斷	차:단	′차단:
창부타령	倡夫打鈴	창:부타:령	창부타:령
천도	遷都	천:도	천도
촌락	村落	촐:락	′촌락
취사	炊事	취:사	′취사:
타조	駝鳥	타:조	′타조:
탄핵	彈劾	탄:핵	′탄핵
터득	攄得	터:득	′터득
포괄	包括	포:괄	′포괄
포기	抛棄	포:기	′포기:
포태	胞胎	포:태	포태
하청	河淸	하:청	하청
한국	韓國	한:국	′한국
한산	韓山	한:산	한산
함수	函數	함:수	′함수:
항공	航空	항:공	항공
현격	懸隔	현:격	′현격
호곡	號哭	호:곡	′호곡
호응	呼應	호:응	′호응:
화진포	花津浦	화:진포	화진-포:
황도	荒島/黃島	황:도	′황도:

표제어		KBS 표준한국어대사전 감수/김석득, 이현복, 유재원	최한룡 주장
가객	佳客	가:객	'가객
가도	街道	가:도	'가도:
가렴	苛斂	가:렴	'가렴:
가로	街路	가로	'가로:
간격	間隔	간:격	'간격
간균	桿菌	간:균	'간균:
간담	肝膽	간:담	'간담:
간부	姦夫	간:부	간부
간부	姦婦	간:부	'간부:
간질	癎疾	간:질	'간질
감실	龕室	감:실	'감실
강시	僵屍/殭屍	강:시	강시
거담제	祛痰劑	거:담제	거담-제:
건성	虔誠	건:성	건성
경기	驚氣	경:끼	'경기:
경단	瓊團	경:단	경단
계류	稽留	계:류/게:류	계류
공격자	攻擊者	공:격짜	'공격-자:
구도자	求道者	구:도자	'구도:-자:
권총	拳銃	권:총	'권총:
귀가	歸家	귀:가	귀가
근검	勤儉	근:검	'근검:
금도	襟度	금:도	'금도:
나포	拿捕	나:포	'나포:
난감	難堪	난:감	난감
내방	來訪	내:방	'내방:
농축	濃縮	농:축	'농축

표제어		KBS 표준한국어대사전 감수/김석득, 이현복, 유재원	최한룡 주장
도관	陶棺	도:관	도관
도본	圖本	도:본	′도본:
동고동락	同苦同樂	동:고동:락	′동고·′동락
마대	麻袋	마:대	′마대:
마멸	磨滅	마:멸	′마멸
마비	痲痺/麻痺	마:비	′마비:
묘안석	猫眼石	묘:안석	′묘안:-석
묘사체	描寫體	묘:사체	′묘사:-체:
마귀	魔鬼	마:귀	′마귀:
미궁	迷宮	미:궁	미궁
방대	尨大	방:대	′방대:
배격	排擊	배:격	′배격
비가	悲歌	비:가	비가
비거주자	非居住者	비:거주자	비-′거주:자:
비위	脾胃	비:위	′비위:
산하	山河	산:하	산하
신사용	紳士用	신:사용	′신사:-용:
심경	深耕	심:경	심경
안면부지	顔面不知	안:면부지	′안면:부:지
안장	鞍裝	안:장	안장
앙양	昂揚	앙:양	앙양
여론화	輿論化	여:론화	여론-화:
여명	黎明	여:명	여명
연구	硏究	연:구	′연구:
와전	訛傳	와:전	와전
요골	腰骨	요:골	′요골
요구	要求	요:구	요구

표제어		KBS 표준한국어대사전 감수/김석득, 이현복, 유재원	최한룡 주장
요령부득	要領不得	요:령부득	′요령:부:득
원수	怨讐	원:수	원수
원용	援用	원:용	′원용:
원혼	寃魂	원:혼	원혼
응고점	凝固點	응:고쩜	′응고:-점:
이별주	離別酒	이:별쭈	′이별-주:
이폐	貽弊	이:폐	′이폐
이금이후	而今以後	이:그미:후	이금이:후
임균	淋菌	임:균	′임균:
임오군란	壬午軍亂	이:모굴란	′임오:′군란:
자격증	資格證	자:격쯩	′자격-증:
자기	磁器/磁氣	자:기	′자기:
자문	諮問	자:문	′자문
자색	姿色	자:색	′자색
자웅동체	雌雄同體	자:웅동:체	자웅′동체:
장고	長考	장:고	′장고:
장서판	藏書版	장:서판	장서-판:
장암	腸癌	장:암	장암
장엄	莊嚴	징:임	장엄
전표	錢票	전:표	′전표:
정지처분	停止處分	정:지처:분	′정지:처:분
제수	除數	제:수	′제수:
조업단축	操業短縮	조:업딴축	′조업단:축
주판	籌板	주:판	′주판
창녀	娼女	창:녀	′창녀:
창덕궁	昌德宮	창:덕궁	′창덕궁
창졸간	倉卒間	창:졸간	′창졸-간

표제어		KBS 표준한국어대사전 감수/김석득, 이현복, 유재원	최한룡 주장
처절	悽絶	처:절	′처절
처절	淒切	처:절	′처절
천공	穿孔	천:공	′천공:
침공	針孔	침:공	′침공:
침공	侵攻	침:공	침공
침닉	沈溺	침:닉	′침닉
탄금	彈琴	탄:금	탄금
탕약	湯藥	탕:약	′탕약
퇴고	推敲	퇴:고/퉤:고	′퇴고:
평가	評價	평:까	′평가:
포기	抛棄	포:기	′포기:
포탈	逋脫	포:탈	′포탈
향토애	鄕土愛	향:토애	′향토:-애:
현모양처	賢母良妻	현:모양처	′현모:양처
혜계	醯鷄	혜:게/헤:게	혜계
포섭	包攝	포:섭	′포섭
포효	咆哮	포:효	포효
한국	韓國	한:국	′한국
한문자	閑文字/間文字	한:문짜	한-′문자:
한세월	閑歲月/間歲月	한세월	한-세:월
함수표	函數表	함:수표	′함수:-표:
항공로	航空路	항:공노	항공-로:
현안	懸案	현:안	′현안:
호곡	號哭	호:곡	′호곡
개발도상국	開發途上國	개발도:상국	′개발′도상:국

(과), 乖(괴), 筋(근), 兢(긍), 儺(나), 拿(나), 郞(랑), 狼(랑), 濃(농), 唐(당), 憧(동), 冬(동), 瞳(동), 童(동), 枚(매), 苗(묘), 描(묘), 巫(무), 誣(무), 無(무), 微(미), 賠(배), 陪(배), 胚(배), 凡(범), 敷(부), 符(부), 吩(분), 卑(비), 緋(비), 肥(비), 砒(비), 辭(사), 紗(사), 獅(사), 酸(산), 棲(서), 舒(서), 徐(서), 旬(순), 屍(시), 憂(우), 伸(신), 兒(아), 癌(암), 殃(앙), 揶(야), 娛(오), 凹(요), 儀(의), 磁(자), 諸(자), 腸(장), 莊(장), 裝(장), 張(장), 低(저), 廛(전), 珠(주), 竣(준), 邀(준), 遮(차), 遷(천), 村(촌), 炊(취), 駝(타), 攄(터), 包(포), 抛(포), 胞(포), 河(하), 韓(한), 航(항), 懸(현), 呼(호), 花(화), 荒(황), 黃(황), 街(가), 龕(감), 僵(강), 殭(강), 祛(거), 虔(건), 驚(경), 瓊(경), 求(구), 拳(권), 勤(근), 襟(금), 圖(도), 同(동), 麻(마), 痲(마), 魔(마), 迷(미), 尨(방), 排(배), 悲(비), 非(비), 脾(비), 山(산), 紳(신), 顔(안), 鞍(안), 昻(앙), 黎(여), 訛(와), 腰(요), 寃(원), 而(이), 淋(림), 壬(임), 資(자), 姿(자), 雌(자), 顚(전), 停(정), 除(제), 籌(주), 娼(창), 昌(창), 倉(창), 悽(처), 凄(처), 侵(침), 逋(포)는 모두 평성자平聲字로 한국어에서는 언제나 짧게만 읽는 자인데도 우리 국어학자들 중에는 길게 읽는 분이 있습니다. 위에 열거한 자字들은 가차假借로 쓰인 경우가 아니면 짧게만 읽습니다.

1) '依(의)'는 평성平聲(짧게 읽음)이면 '의지하다' '따르다'이고, 상성上聲(길게 읽음)이면 '병풍' '비유하다'의 뜻이 됩니다. '依然(의연)'을 '의:연'으로 읽은 것은 잘못입니다.

2) '斤(근)'은 평성平聲이면 '도끼' '무게의 단위'이고, 거성去聲이면 '살피다'입니다. '斤兩('근량:')'을 '근:량'으로 읽은 것은 잘못입니다.

3) '矜(긍)'은 평성平聲으로만 읽는 자인데, '긍'이면 '자랑하다' '불쌍히 여기다'이고 '근'이면 '창자루'이고 '환'이면 '홀아비'의 뜻이 됩니다. 길게는 읽지 않는 자입니다. '矜持(긍지)'를 '긍:지'로 읽은 것은 잘못입니다.

4) '聞(문)'은 평성平聲이면 '듣다' '냄새를 맡다' '성姓'이고, 거성去聲이면 '들리다' '명예名譽' '소문'입니다. '聞慶郡('문경:군:')'을 '문:경군'으로 읽은 것은 잘못입니다. 문경군(聞慶郡)에 가 보시기를 권합니다. 고유 명사입니다.

5) '培'는 평성平聲 '배'로 읽으면 '북돋우다', '가꾸다'이고, 상성上聲 '부:'로 읽으면 '무덤' '둔덕'의 뜻이 됩니다. '培養('배양:')'을 '배:양'으로 읽은 것은 잘못입니다.

6) '柴'는 평성平聲 '시'로 읽으면 '땔나무', '작은나무'이고, 거성去聲 '채:'로 읽으면 '울타리'

의 뜻이 됩니다. '柴糧(시량)'을 '시:량'으로 읽은 것은 잘못입니다.

7) '硏'은 평성平聲 '연'으로 짧게 읽으면 '갈다', '궁구窮究하다'이고, 길게 거성去聲 '연:'이면 벼루의 뜻이 됩니다. '硏究('연구:')'를 '연:구'로 읽은 것은 잘못입니다.

8) '凝'은 '전운옥편全韻玉篇'에는 평성平聲 '응'이면 '엉기다'이고 거성去聲으로 '응:'이면 '水堅止水(수견지수)'로 되어 있는데, '사원辭源', '사해辭海' 등에서는 평성 증운平聲 蒸韻으로만 읽고 있습니다. 저는 평성平聲 '응'으로 짧게 읽습니다. '凝結('응결')'이 제 발음입니다.

9) '衣'는 평성平聲 '의'로 읽으면 명사로 '옷'이고 거성去聲 '의:'로 읽으면 동사로 '입다'입니다. '衣食('의식)은 명사로 읽은 것입니다. '衣食(의:식)'이면 뜻이 달라집니다.

10) '任'은 거성去聲 '임:'으로 읽으면 '맡기다', '맡은 일'이고 평성平聲 '임'으로 짧게 읽으면 '맡다' '성(姓)'의 뜻인데 '任氏('임씨:')'를 '임:씨'로 읽은 것은 잘못입니다.

11) '栽'는 평성平聲 '재'이면 '심다' '가꾸다'이고 거성去聲 '재:'이면 '담틀'입니다. '栽培(재배)'를 '재:배'로 읽은 것은 잘못입니다.

12) '錢'은 평성平聲 '전'으로 짧게 읽으면 '돈' '성(姓)'이고, 상성上聲 '전:'으로 읽으면 '전기(田器) 가래'입니다. '錢糧(전량)'을 '절:냥'으로 읽은 것은 잘못입니다.

13) '提'는 평성平聲 '제'로 읽으면 '끌다' '들다'이고 상성上聲 '제:'로 읽으면 '던지다'입니다. 평성平聲 '시'로 읽으면 '새 나는 모습'을 '시시(提提)'라고 합니다. '提供('제공:')'을 '제:공'이라고 읽은 것은 잘못입니다.

14) '操'는 평성平聲 '조'는 '잡다(把持)' '부리다(操縱)'이고, 거성去聲 '조:'면 '절개(節槪)' '곡조(曲調)'입니다. '操心'의 뜻이 '注意'와 같고 '조:심하라'는 '注意하라', '불조:심'은 '불注意'의 뜻이고 '몸조:심'은 '몸을 다치지 않는 注意'로 쓰이는데 '操'가 거성去聲일 수 없다는 것이 제 견해입니다. 한글학회 '우리말 큰사전'이 '조:심', '조:심-性', '조:심-하다'에 어원語源을 한자漢字로는 표시하지 않는 방법에 동의합니다. '조:심'의 어원이 '操心'일 수는 없고, 맹자孟子의 진심편盡心篇에 '기조심야위其操心也危'라고 '操心'이라는 말이 나오는데 이것도 평성平聲으로 읽은 예이고 '마음을 가지다'의 동사로 쓰인 예인데 '조심'처럼 짧게 읽어야 합니다. '操心(조심)하다'이고, '조:심하다'의 어원語源은 '操心'일 수는 없습니다. 어떤 이는 '造心'이 '조:심'의 어원이라고 합니다.

15) '重'은 상성 종운上聲 腫韻, 거성 송운去聲 宋韻이면 '중:'인데 뜻은 '무겁다' '무게'이고, 평성平聲 '중'으로 짧게 읽으면 '거듭' '겹'의 뜻이 됩니다. 重複('중복), 重疊('중첩), 重唱('중창:), 重修(중수), 重刊(중간), 重創('중창:)입니다. '重任(중:임)'은 '중대重大한 임무任務'이고 '重任('중임:)'은 '(任期가 끝나고) 거듭 임용任用하다'입니다. '重犯(중:범)'과 '重犯('중범:)'도 뜻이 다릅니다. '삼월삼일三月三日'을 '重三(중삼)', '오월오일五月五日'을 '重五('중오:)', 重午('중오:)', '구월구일九月九日'을 '重九('중구:)'라고 합니다. '重刊(중:간)'은 잘못입니다. '重刊(중간)'입니다.

16) '陳'은 평성平聲 '진'은 '늘어놓다' '고(告)하다' '벌리다' '묵다' '나라 이름' '성(姓)'이고, 거성去聲 '진:'이면 '군대軍隊의 행렬行列'입니다. 그런데 요즘에 와서는 거성去聲 '진:'에는 '陣(진:)' 자를 전용專用하고 '陳(진)'은 평성平聲으로만 사용합니다. '陳述('진술)'을 '진:술'로 읽은 것은 잘못입니다.

17) '倡'은 평성平聲 '창'이면 '광대'의 뜻이고 거성去聲 '창:'이면 '앞장서서 외치다'입니다. '倡夫(창부)'는 '광대'의 뜻이고 '倡夫(창부)'입니다. 짧게 읽습니다.

18) '彈'은 거성去聲 '탄:'이면 '탄알' '총(銃)알'이고 평성平聲 '탄'이면 '퉁기다' '쏘다' '두드리다'인데, 彈琴(탄금), 彈鋏('탄협), 彈冠(탄관), 彈綿(탄면), 彈弦(탄현), 彈詰('탄힐), 彈劾('탄핵), 彈壓('탄압)입니다. 彈劾(탄:핵)은 잘못 읽은 것입니다.

19) '函'은 평성平聲(咸韻, 覃韻)으로만 읽는 자입니다. '函數('함수:)'를 모든 사전들이 函數(함:수)로 읽고 있는데 잘못입니다.

20) '縣'은 평성平聲이면 '현'인데 '매달다' '걸다'이고 거성去聲이면 '현:'인데 '고을'의 뜻입니다. 요즘에 와서는 평성平聲의 '현'으로는 '懸(현)'자를 전용專用하고 있습니다. '懸(현)'은 길게는 읽지 않습니다. 懸垂(현수), 懸賞('현상:), 懸案('현안:), 懸旌(현정), 懸隔('현격)입니다. '懸隔(현:격)'은 잘못 읽은 것입니다.

21) '稽'는 평성平聲 '계'로 읽으면 '머무르다' '상고하다' '묻다(問)'이고, 상성上聲 '계:'로 읽으면 '조아리다'입니다. '稽留(계류)'를 '계:류'로 읽은 것은 잘못입니다.

22) '歸'는 평성平聲 '귀'와 거성去聲 '궤:'로 읽는 자인데, 거성去聲 '궤:'는 거성去聲 '饋(궤:)'의 가차假借입니다. 본음本音은 짧게 '귀'입니다. '歸家(귀:가)'는 잘못입니다. '歸家(귀가)'가 바른 발음입니다. 방송 요원들의 오독誤讀이 자주 잡힙니다.

23) '難'은 평성平聲 '난'이면 '어렵다'이고 거성去聲 '난:'이면 '근심' '근심스럽다' '책망하다'이고, 평성平聲 '나'로 읽으면 儺(나)의 가차假借입니다. '難民(난:민)'은 '재난災難을 당한 사람', '難解('난해:)'는 '풀기 어렵다'이고, '난감(難堪)'을 '난:감'으로 읽은 것은 잘못입니다.

24) '來(래)'는 평성平聲 '래'로 읽으면 '오다'이고, 거성去聲 '래:'로 읽으면 '위로하다'입니다. '來訪('내:방:)을 '내:방'으로 읽은 것은 잘못입니다.

25) '陶'는 평성平聲 '도'면 '질그릇'이고 평성平聲 '요'면 '순舜의 신명臣名이 皐陶(고요)'입니다. 陶器('도:기:), 陶磁器(도자기:), 陶棺(도관)처럼 읽습니다. 陶棺(도:관)은 잘못입니다.

26) '磨'는 평성平聲 '마'는 '갈다'이고 거성去聲 '마:'는 '연자방아'입니다. '磨滅('마멸)'을 '마:멸'로 읽은 것은 잘못입니다.

27) '深'은 자전字典에 따라 이설異說이 있습니다. '깊이' '감추다'는 평성平聲 '심'이고 '깊이를 재다'는 거성去聲 '심:'으로 읽는다는 자전이 있고, 평성平聲 '심'으로만 읽는다는 자전이 있습니다. 저는 후자後者입니다. 평성平聲으로만 읽는 쪽입니다. '深耕(심경)'이 옳은 발음이고 '심:경'은 잘못입니다. '깊이 갈다'를 '심:경'으로 읽는 것은 어느 자전에 의하더라도 잘못입니다. 방송에서 오독誤讀이 너무 자주 잡히는 것이 걱정스럽습니다.

28) '輿'도 이설異說이 있는 자인데 평성平聲 '여'로만 읽은 자전이 있고, 평성平聲 '여'로 읽지만 '사람이 마주 메는 가마'일 경우만은 거성去聲 '여:'로 읽는다는 자전이 있습니다. 저는 평성平聲 '여'로만 읽습니다. 輿論(여론), 輿地('여지:), 輿地圖('여지:도), 輿情(여정), 輿望('여망:) 등은 어느 자전에 의하더라도 평성平聲의 '여'인데도 오誤를 범한 사전이 많습니다.

29) '怨'은 거성去聲 '원:'으로 읽으면 '원망하다' '미워하다'이고, 평성平聲 '원'으로 읽으면 '원수'입니다. '怨讐(원수)'를 '원:수'로 읽은 것은 잘못입니다.

30) '援'은 거성去聲 '원:'으로 읽으면 '도우다'이고 평성平聲 '원'으로 읽으면 '잡아당기다' '끌어당기다'입니다. 援引('원인:), 援筆('원필), 援之以手(원지이:수), 援用('원용:)처럼 읽습니다. '援用(원:용)'은 잘못입니다.

31) '離'는 평성平聲 '리'로 읽는 자인데 '떠나가다'의 경우만은 거성去聲 '리:'로 읽는 자입니다. '離山(이:산)'이라고 하면 '중이 중노릇을 버리고 절을 떠나다'의 뜻으로 쓰이는데, 단순한 '離別('이별)'과는 다릅니다. '離別酒('이별주:)'가 바른 발음입니다.

32) '長'은 평성平聲 '장'으로 읽으면 '길다' '길이' '길게' 등의 뜻이고 상성上聲 '장:'은 '자라다' '기르다' '높다(尊)' '어른'의 뜻이고 거성去聲 '장:'이면 '재다(度)' '남다, 많다(餘, 多, 冗)'라고 하는데, 한국어로서는 상성上聲과 거성去聲은 모두 길게 읽습니다. 長考('장고:')가 바른 발음입니다. '장:고'는 잘못입니다.

33) '穿'도 이설異說이 있는 자입니다. 어떤 자전은 평성平聲 '천'으로만 읽은 것이 있고, 평성 천과 거성 천:의 어느 쪽으로 읽어도 된다는 자전이 있고, 뜻에 따라 평성平聲 '천'과 거성去聲 '천:'을 구별해서 읽어야 한다는 자전도 있습니다. 저는 '穿孔('천공:')으로 읽는 쪽입니다. 거성去聲 '穿(천:)'으로 읽으면 '꿰뚫다'의 뜻입니다.

34) '針'은 '鍼'으로도 쓰는데 '鍼'이 본자本字라고 합니다. 중국, 일본의 자전들은 평성平聲으로만 읽고 있는데, 우리나라의 자전들은 '바느질'에 한해서는 거성去聲 '침:'으로 길게 읽고 있습니다. 針工(침:공), 針女(침:녀), 針線(침:선), 針才(침:재), 針尺(침:척)처럼 읽습니다. '針孔('침공:')'은 '바느질'과는 상관이 없는 말입니다. '針孔(침:공)'은 잘못입니다. 針葉樹('침엽수:), 鍼術('침술), 針小棒大('침소:봉:대/―방:대)처럼 읽습니다.

35) '沈'은 평성平聲 '침'은 '잠기다' '가라앉다'의 뜻이고 상성上聲 '심:'은 '성(姓)' '국명(國名)'의 경우입니다. '沈溺('침닉)', '沈沒('침몰)'입니다. '沈溺(침:닉)'은 잘못입니다.

36) '湯'은 평성平聲 '탕'이면 '끓인 물' '성姓' '국' 등이고, 평성平聲 '상'이면 '물 흐르는 모양'을 '湯湯(상상)'이라고 합니다. 거성去聲 '탕:'이면 '끓이다'의 뜻으로 씁니다. 湯酒(탕:주), 中湯('중탕:)과 같이 읽습니다. '湯藥('탕약)'을 '탕:약'으로 읽은 것은 잘못입니다. 湯工(탕옹), 湯誥('탕고:), 湯器('탕기:), 湯麵('당면:), 湯飯('탕반:), 湯沐('탕목)처럼 읽습니다.

37) '推'는 평성平聲으로 '추'와 '퇴'의 두 가지로 읽지만 뜻은 같습니다. 우리 나라에서는 '밀다'는 '퇴'로 읽고 '천거하다' '옮기다'는 '추'로 읽습니다. 推窓(퇴창), 推戶('퇴호:), 推食('퇴식), 推敲('퇴고:), 推尋(추심), 推薦('추천:), 推理('추리:)처럼 읽습니다. '推敲('퇴고:/'추고:')'가 옳지 '퇴:고'는 잘못입니다.

우리 국어학자들은 남의 성姓까지도 자기류自己流로 멋대로 부르고 있습니다. 다음에 게기揭記하는 것은 그 일례입니다. 하기야 '자기 성自己姓'을 바르게 못 읽는 국어학자도 있습니다.

표제어	민중서림 판 국어대사전 이희승 편저	최한룡 주장
賈誼	가의	가ː의ː
具鳳齡	구봉ː령	구ː봉ː령
具仁攔	구인기	구ːʼ인기ː
老萊子	노래ː자	노ːʼ래자ː
魯	노	노ː
魯國公主	노국공주	노ː국ʼ공주ː
魯山君	노산군	노ː산군
魯迅	노신	노ː신ː
段祺瑞	단기서	단ːʼ기서ː
杜牧	두목	두ː목
杜甫	두보	두ː보ː
閔丙台	민병ː태	민ː병ː태
閔妃	민비	민ː비
閔忠正公	민충정공	민ːʼ충정ː공
米芾	미불	미ː불
商鞅	상ː앙	상앙ː
邵康節	소강절	소ːʼ강절
召	소	소ː
呂運亨	여운ː형	여ː운ː형
呂運弘	여운ː홍	여ː운ː홍
柳寬順	유관순	유ːʼ관순ː
柳成龍	유성룡	유ː성룡
禹長春	우장춘	우ː장춘
禹임금	우임ː금	우ː임ː금
舜임금	순임ː금	순ː임ː금
尹斗壽	윤두수	윤ː두ː수
尹東柱	윤동주	윤ːʼ동주ː

표제어	민중서림 판 국어대사전 이희승 편저	최한룡 주장
魏繼廷	위계:정	위:계:정
魏伯珪	위백규	위:백ː규
印	인	인:
庾信	유신	유:신:
衛夫人字	위부인-자	위:부인-자:
衛滿	위만	위:만
任熙載	임:희재	임′희재:
任元濬	임:원준	임′원준:
任永信	임영:신	임영:신
智	지	지:
蔣介石	장개석	장:개:석
蔣經國	장경국	장:′경국
許由	허유	허:유
許由巢父	허유소보	허:유′소보:
許得良	허득량	허:득ː량
許蘭雪軒	허난설헌	허:′난설헌

    국외에도 한국어를 사용하는 사람들이 많이 있습니다. 그러나 그분들이 한국이학이 어떤 수준이지는 저는 모릅니다.

    국내의 한국어학자들이 범하고 있는 한국어학의 오류誤謬들의 유형類型들을 더듬어 보았습니다. 여러분은 어떻게 느꼈습니까? 제가 보기에는 어처구니없는 사이비似而非 학자들이라는 말 이외엔 할 말을 모르겠습니다.

    옛 속담俗談에 "'고를 조(調), 볕 양(陽)'까지는 배웠는데도 이렇게 답답한데 까막 무식無識은 어떻게 사는가?"라는 말이 있습니다. '調' 자는 천자문千字文의 제31 자이고 '陽'은 제32 자입니다. '서른두 자나 배웠는데도 이렇게 답답한데 까막 무식은 답답해서 어떻게 사는가?'라는 뜻의 자조自嘲서린 한탄恨歎의 말입니다.

세상世上은 많이 바뀌었습니다. '고를 조(調), 볕 양(陽)'은커녕 천자문千字文의 둘째 자를 바르게 읽지 못하면서도 국어학 박사요, 대학 교수라며 뽐내고 으스댈 수 있는 세상으로 바뀌었습니다. 표기를 한글로만 해버리면 그만이라고 생각하는 사람들이 저지른 결과입니다.

한글을 전용專用하고 한자漢字 교육을 전폐全廢해 버리면 만사형통萬事亨通이라고 생각하는 국수주의자國粹主義者들이 세력권勢力圈을 이루고 있습니다. 천자문千字文의 둘째 자는 "따:지:(地)'자입니다. "따:지:(地)'를 바르게 읽은 사전이 하나도 없습니다. '地'는 사용 빈도가 아주 높은 자입니다. 그런데 국어학자들은 예외없이 짧게 읽고 있습니다.

地球(지:구)를 地球(지구), 天地('천지:)를 天地(천지), 敷地('부지:)를 敷地(부지), 陽地('양지:)를 陽地(양지)라고 합니다. 天地('천지:)와 天池(천지), 敷地('부지:)와 扶支(부지), 陽地('양지:)와 楊枝(양지)가 발음으로는 구별이 안 된다고 합니다. 軍政('군정:)과 軍情(군정), 民政('민정:)과 民情(민정), 空氣('공기:)와 工期(공기), 煙氣('연기:)와 延期(연기), 煙草('연초:)와 年初(연초), 唐草('당초:)와 當初(당초), 甘草('감초:)와 甘焦(감초), 同議('동의:)와 東醫(동의), 元首('원수:)와 怨讐(원수), 公許('공허:)와 空虛(공허), 公主('공주:)와 公州(공주), 城主('성주:)와 星州(성주), 神主('신주:)와 新株(신주), 洋酒('양주:)와 楊洲(양주), 淸酒('청주:)와 淸州(청주), 原酒('원주:)와 原州(원주), 香水('향수:)와 鄕愁(향수), 流水('유수:)와 幽愁(유수), 紅島('홍도:)와 紅桃(홍도), 先祖('선조:)와 先朝(선조), 同祖('동조:)와 東朝(동조), 君子('군자:)와 軍資(군자), 公認('공인:)과 公人(공인), 私印('사인:)과 私人(사인), 山寺('산사:)와 山査(산사), 天子('천자:)와 天姿(천자), 申請('신청:)과 新晴(신청)을 귀로써는 구별이 안 된다고 합니다.

모든 사전이 구별을 하지 않고 있습니다. 국어학자들은 예외없이 모두가 청각장애자聽覺障碍者들입니다. 언어음言語音에서는 장단長短을 구별 못 하는 장애자들입니다. 위에 열거한 예들은 극히 일부에 불과합니다. 요즘 나도는 국어사전에는 제2음절의 장음長音은 완전히 일소一掃한 것이 대부분大部分이고, 있어도 극히 소수少數를 주관적主觀的으로 인정하고 있습니다. 모두가 대학 교수들이 감수監修 또는 편찬한 것들입니다. 그런 엉터리 교수들이 국어 교육을 담당하고 있으니까 국어학과國語學科를 졸업하고 나면 예외없이 청각장애자가 되는 것입니다. 스승인 교수와 똑같은 청각장애자가 복제複製되어 나오는 것입니다.

해방 후 국어 교육이 재개된 지도 반세기半世紀가 지났습니다. 그동안에 배출된 국어국문학과國語國文學科 출신의 학사學士, 석사碩士, 박사博士가 어마어마하게 많지만 사전들의 오류를 오류로 알아차리지 못하는 것입니다. 멀쩡한 정상인正常人도 국어국문학과를 졸업하고 나면 청각장애자가 되어 버리는 것입니다. 중학교의 국어 교과서 2-2에 '嶺東(영:동)'은 틀린 발음이고 '嶺東(영동)'이 바른 발음이라고 되어 있는데, 그것을 가르치는 교사(敎師)들이 그것이 잘못인 줄을 모릅니다. 국정 교과서國定 敎科書라는 것이 그렇게 되어 있으니까 10년 가까이 오류를 제자弟子들에게 주입注入하고 있는 것입니다. 모든 사전에 '嶺南(영:남)'을 '嶺南(영남)'으로 '嶺東(영:동)'을 '嶺東(영동)'으로 적고 있고, 자신들도 스승으로부터 그렇게 배웠으니 세상 사람들이 '嶺南(영:남)', '嶺東(영:동)'으로 발음하고 있는 것을 도리어 틀린 것으로 알고 있을 것입니다.

 국어사전國語辭典과 한국어발음사전韓國語發音辭典이라는 것들이 예외없이 한자어漢字語 발음發音에서 50%를 훨씬 넘는 오류誤謬를 범하고 있는데도 아무도 그것이 오류인지를 모릅니다. 그런데 한글 전용專用이 옳다느니 국한문國漢文 혼용混用이 좋다느니 하는 논쟁論爭에만 열熱을 올리지 사전들의 오류를 거론擧論하는 국어학자國語學者는 단 한 사람도 없습니다. 자신들이 예외없이 오류의 화신化身이기 때문입니다. 오류誤謬를 정상正常이라고 확신하는 엉뚱스러운 확신자確信者가 되어 버린 것입니다.

 얼마 전에 텔레비전에서 '외국인外國人을 위한 관광觀光 안내서案內書'에 한자漢字를 병기倂記하는 것이 좋다는 쪽과 나쁘다는 쪽의 토론討論을 보았습니다. 저는 좋다는 쪽입니다만 여기서는 그것을 말하자는 것은 아닙니다. 토론討論에서 반대론反對論을 펴는 교수가 "나는 한글 세대世代는 아닙니다"라는 말을 반복합디다. 자신을 한글 세대라고 한 말에 심한 불쾌감不快感을 느끼는 것 같은 표정表情으로 보입디다. 저는 그 교수의 한자어漢字語 발음發音의 장단長短 부분이 엉망진창이라는 것을 그분의 각종 저서著書를 보고 너무 잘 알고 있었기 때문에 속으로 웃었습니다. 그때까지 저도 그분은 한글 세대라고 생각하고 있었습니다. 그런 사람이 한글 전용專用의 선봉장先鋒將처럼 설칩니다. 한글 세대가 아니라는 뜻은 한자漢字를 배웠다는 뜻일 텐데, 그 한자에 관한 지식知識이 그릇된 지식이라면 학교에서의 한자 교육은 정상적인 교육이 아니었다는 것입니다. 그릇된 유해한 지식의 전달을 교육이라고는 할 수 없습니다. 한글 세대가 아닌 교수의 한자漢字 지식知識이 그 모양이라면 한글 세대의 한자 지식은 더 말할 나

위도 없습니다. 한자어의 표기를 한글로만 하면 그만인 것처럼 떠들지만 한자어를 쓰는 한 옳고 바른 한자 교육을 해야 합니다.

중국어中國語와 한국어韓國語는 계통系統이 전연 다른 언어입니다. 촌수寸數가 없는 남남입니다. 그런데 우리 조상祖上들은 계통이 전연 다른 한자어漢字語를 고유固有 한국어韓國語에 혼용混用하는 방법方法을 발명發明한 것입니다. 필요必要가 낳은 천재적天才的인 발명입니다. 우리가 한문漢文이라고 칭하는 중국어는 구어口語가 아닌 문장 용어文章用語입니다. 발음發音도 중고한어中古漢語(隋·唐·宋 初)의 음音을 번역한 음音입니다. 중국어는 문어文語와 구어口語가 상호相互 출입出入하는 관계關係를 가지면서도 별도로 발달해 왔습니다. 중국인이라도 문어文語를 그대로 구어口語로는 쓸 수가 없고 역사상歷史上 쓴 예도 없습니다. 중국에서도 언문일치言文一致가 이루어진 지금도 문장용文章用으로 쓰는 이가 있지만 그 발음은 현대現代의 발음입니다. 성조聲調도 중고한어中古漢語와는 다릅니다.

한자어漢字語를 오래 혼용하면 고유어固有語가 없어진다고 하는 이가 있지만 그런 염려念慮는 할 필요가 없습니다. 순한문純漢文을 읽을 때라도 축문祝文, 홀기笏記, 제문祭文 등의 낭송조朗誦調가 아니면 토를 달아서 우리말화化해서 읽습니다. 구어口語로는 중국인들도 쓸 수가 없는 문장 용어文章用語입니다. 문법文法도 문어문법文語文法은 구어문법口語文法과 차이差異가 있습니다.

한국어의 고유어와 우리가 한문漢文이라고 일컫는 중국어를 비교해 보면, 중국어에도 장점長點도 있고 단점短點도 있습니다. 한국어에도 장점과 단점이 있습니다. 우리 조상祖上들은 혼용混用하는 방법方法을 발명한 것입니다. 계통系統이 다른 두 언어言語의 장점은 살리고 단점은 보완해서 우리는 혼용하고 있습니다. 그렇게 하면 더욱 좋은 방향으로 발달한다는 생각을 저는 가지고 있습니다. 한국어와 중국어文語의 만남은 다행多幸한 일이었다고 저는 생각합니다. 혼용混用의 비율比率은 필요성必要性이 자연스레 조절調節해 줍니다. 한자를 사용한 지가 1,500년이 넘었습니다. 그래도 고유어는 없어지지 않았습니다. 언어言語도 변천變遷 발달發達합니다. 불편不便한 말들은 사라지고 새로운 말이 생겨나고 하는 것은 필요성必要性이 조절調節하는 것입니다. 편리便利한 쪽을 따르는 것은 당연한 일입니다. 한자어漢字語를 음독音讀하면서 사성四聲을 무시無視하면 같은 음절音節의 뜻을 구별할 수가 없어서 실용實用이 불가능해집니다. 우리 고유어가 동일同一 음절音節은 장단長短으로 뜻을 구별하기 때문에 그 방법을 원용援用해서 평성平聲은 짧게 상·거성上·去聲은 길게 발음하는 방법을 규칙화規則化한 것입니다. 이것을 우리 국어학자들은 바르게 인식認識하지 못한 탓에 사전을 엉망진창으로 만들어 놓은 것입니다.

우리 국어학계의 현황現況이 단순하게 후진後進 상태狀態에 머물고 있는 것이 아니라 오류誤謬의 늪에서 헤어나지 못하고 있습니다. 시간時間의 경과經過에 비례比例해서 오류誤謬의 질質과 심도深度가 악화惡化해 가고만 있습니다. 실로 우려憂慮스러운 일입니다. 국어학자라는 사람들이 그것을 느끼지 못합니다. 이대로 버려 두면 구제불능救濟不能의 상태狀態로 되고 말 것이 뻔히 보입니다. 한국어가 엉뚱한 방향으로 변질變質해 버립니다. 벌써 국민의 언어생활言語生活에 악영향惡影響이 나타나고 있습니다. 한 마디로 말하면 한국어학계韓國語學界의 환후患候는 중병重病 상태狀態입니다. 국소局所 치료治療로는 정상화正常化를 기대할 수 없는 중태重態입니다. 혁명적革命的인 대수술大手術이 필요必要합니다.

국어학과國語學科를 졸업卒業하고 나면 예외없이 바보가 되고 만다는 이 사실事實을 온 국민이 모두가 알아야 합니다. 바보라고 해도 특수特殊한 바보가 되는 것입니다. '政治(정:치)'를 '政治(정치)', '議會(의:회)'를 '議會(의회)', '價値(가:치)'를 '價値(가치)', '認定(인:정)'을 '認定(인정)', '證據(증:거)'를 '證據(증거)', '許可(허:가)'를 '許可(허가)', '祖父(조:부)'를 '祖父(조부)', '父母(부:모)'를 '父母(부모)', '子息(자:식)'을 '子息(자식)', '女子(여:자)'를 '女子(여자)', '嶺南(영:남)'을 '嶺南(영남)', '旅行(여:행)'을 '旅行(여행)'이 표준 발음이라고 우기는 바보가 되는 것입니다.

'空氣('공기:)'와 '工期(공기)', '同氣('동기:)'와 '同期(동기)', '軍政('군정:)'과 '軍情(군정)', '煙氣('연기:)'와 '延期(연기)'를 귀로써는 구별 못 하는 청각장애자聽覺障碍者가 되는 것입니다.

사전이라는 것이 한자어漢字語의 발음發音에 있어서 50%를 훨씬 넘는 오류誤謬가 있는데도 국어학자라는 사람들이 79년 동안 표준 발음이라고 우기고 있습니다.

왜 이런 꼴이 되었을까요? 전적으로 국어 교육의 잘못에 그 원인原因이 있습니다.

국어학과가 비인기非人氣 학과라서 바보들만이 모였기 때문에 바르게 가르치는데도 바보가 되는 것일까요? 아닙니다. 그런 것이 아닙니다. 교수가 엉터리이기 때문에 정상인正常人을 바보로 만드는 것입니다. 무시험無試驗으로 바보만을 모은 것이 아닙니다. 정상인을 바보로 만든 책임責任은 학교學校와 국가國家가 져야 합니다.

교수敎授와 학생學生의 사이가 스승과 제자의 관계여야 할 텐데, 가해자加害者와 피해자被害者로밖에는 설명說明할 길이 없는 이 현실現實을 이대로 두어도 되겠습니까?

옛날옛적에는 스승이 마음에 들지 않으면 떠나면 되었습니다. 그것이 현재로서는 그렇게 쉽지 않습니다. 교육 제도敎育制度가 그렇게 되어 있습니다. 한국어학韓國語學을 정상화하기 위해서는 첫째 직업職業 국어학자들이 자신을 알아야 하고 대학大學의 총장, 학장, 정부政府의 교육부 장관, 대통령이 알아야 하고, 국회의원國會議員들도 알아야 합니다. 세계에서 유일하게 한국에서만 있는 일입니다. 남이 알면 부끄러운 꼴이지만 숨기고 넘어갈 수 없는 일입니다. 과감果敢한 혁명적革命的인 조처措處가 있어야 합니다.

속담俗談에 '울타리 밑에서 원 꾸짖는 소리'라는 말이 있습니다. 원을 꾸짖으려면 원을 대해서 꾸짖을 것이지 원은 듣지도 못 하는 곳에서 꾸짖으면 무슨 소용이냐 하는 말입니다.

'울타리 밑에서 원 꾸짖는 소리'가 되고 말까 걱정이 됩니다.

저는 학문學問을 하는 사람도 아니고 국어학國語學을 배운 사람도 아닙니다. 대학大學의 총장總長, 교육부장관敎育部長官, 대통령大統領, 국회의원國會議員에게 이 사실을 알리고 싶어도 그 길을 얻을 수가 없는 사람입니다. 시정市井의 무명인無名人입니다. 그 때문에 걱정을 하는 것입니다.

이 서문序文 같지도 않은 서문序文을 어깨 너머로 보던 친구親舊가 하는 말이 "사전辭典을 감수監脩하지도 않았고 하자 있는 논문論文을 발표하지도 않은 국어학자까지도 싸잡아 바보니 엉터리니 해서야 되겠느냐?"는 것이었습니다. 오해誤解의 소지素地가 없지 않겠다 싶어서 몇 마디 적습니다.

제가 이 책에서 '국어학자'라고 한 것은 직업職業 국어학자를 가리키는 말입니다. 직업 국어학자란 대학의 국어학 교수와 교수는 아니더라도 사전을 만들었거나 감수한 학자를 가리키는 말로 썼습니다. 사전에 간여干與하지 않았고 하자 있는 논문(음운 계통)을 발표한 적이 없더라도 교수직에 있으면 제자弟子를 학문적으로 보호해야 할 의무가 있습니다. 그릇된 사전辭典의 피해를 입지 않도록 제자를 보호해야 할 뿐만 아니라, 학계 전체에 알리고 구제救濟하는 노력을 해야 합니다. 알고도 방치放置했다면 묵인默認한 것이 되어 공동 책임共同責任을 면할 수는 없습니다. 그 때문에 국어학계를 총체적總體的인 엉터리라고 한 것입니다.

그리고 생존하고 있는 인명人名과 현대인으로서 돌아가신 분에게는 '씨氏'라는 존칭尊稱을 붙였고 역사적 인물에는 존칭을 약략略했습니다. 시대時代 구분區分은 제 주관主觀입니다.

끝으로 조판組版을 맡아 주신 '메이트'사의 강경철姜京哲 사장을 비롯한 여러분에게 감사感謝드립니다. 알아보기도 힘든 얄궂게 쓴 원고를 다루시느라 수고하셨습니다.

1999년 3월 31일

崔 瀚 龍

III

『울고 싶도록 서글픈
한국어학의 현실』
신문 칼럼 및 기사

말길이 바로잡혀야 한다

… <전략> …

『울고 싶도록 서글픈 한국어학의 현실』을 쓴 최한룡 선생을 아는 대학교수가 몇 분이나 있을까? '말소리'를 '글자'로 제대로 옮기려면, 기계에 맡겨도 '음성언어'가 '문자언어'로 '자동입력' 되려면 소릿값이 같아야 한다. 우리말 사전에 오른 낱말 가운데 열에 일곱은 '한자'다. 우리가 어쩔 수 없이 가져다 쓸 수밖에 없었던 이 중국말의 소릿값을 우리말의 소리 높이와 길이에 맞추어 제대로 내려고, 그래서 '한자음'을 '표준화'시키려고 애써온

윤구병 농부철학자

임금들이 있다. 『훈민정음』을 펴낸 세종이 『동국정운』을 엮었고, 정조는 『규장전운』을 책으로 묶었다. 이 '발음사전'에 실린 한자말의 소릿값이 제대로 지켜져야 이 말 다르고 저 말 다르게 받아들이는 일이 없겠다는 생각에서였겠지. 그 뒤로 200년도 훌쩍 넘게 흐른 오늘 이 땅에 제대로 된 '발음사전'이 나온 적이 있는가? 없다.

최한룡 선생은 '학자'가 아니다. 1926년 경북 청도에서 태어나 나이 스물에 대구상업학교를 나온 것이 마지막 '학력'이다. 그 뒤로 초등학교 선생, 금융조합 서기, 농업은행 은행원, 제조공장 노동자, 판매회사 사원, 광산 일 들을 닥치는 대로 하다가 쉰여섯에 일자리를 잃은 분이다. 이이가 한 말을 이 자리에 옮긴다.

"국어학과를 졸업한 국어학자가 아니었기 때문에 국어학계의 오류들이 눈에 띄었다."

"이 말은 한국에서는 역설이 아니라 직설이다."

이이가 1,300쪽이 넘는 큰사전 크기의 책 머리에 적어놓은 글을 보자.

"우리나라에서 지금까지 나온 소위 국어사전이라는 것들과 한국어 발음사전이라는 것들로서 음의 장단 표시를 해 놓은 것들은 한자음의 발음에 관한 한, 예외없이 음의 장단에 있어서 50%를 훨씬 넘는 오류를 범하고 있는 엉터리들입니다."

우리나라 국어학계라는 것이 반세기가 지나도록 평온무사하게만 보이는 것은 학문적인 모순이 전무해서가 아닙니다. 기본적인 기초이론에 있어서도 엄청난 모순을 안고 있지만 학계라는 것이 수준 낮은 엉터리들로만 이루어진 총체적인 엉터리여서 아무도 모순을 인지하지 못하기 때문에 모순이 없는 것처럼 보일 뿐입니다."

이이가 이 책을 낸 해는 1999년, 나이 일흔넷일 때였다. 아직 살아 계신다면(1926년생이니까) 아흔을 바라보는 나이겠지. 이렇게 우리는 '학력미달'로 뛰어난 '학문적 업적'을 쌓고도 아무도 거들떠보지 않는 사이에 이미 죽었거나 죽음을 앞둔, 먼저 깨친 이들의 주검 위에 '식민언어'의 모래성을 쌓고 있다.

<한겨레신문>, 2013년 5월 30일

어찌 국어사전이 틀릴 수 있나? 길 막고 물어보자

우리말 연구가 최한룡 선생

88세 노령老齡의 평안함과 인자함 속에서도 눈매 매섭다. 『울고 싶도록 서글픈 한국어학의 현실』이란 책을 펴내는 등 퇴임 후 '제2의 인생'을 노기怒氣 섞인 열정으로 일관되게 살아온 특별한 인사다.

강상헌
(사)우리글진흥원 원장

우리 국어의 한자어 낱말 장단음에 '너무 잘못이라고 생각되는 점들이 많아' 스스로 나서지 않으면 안 됐다는 내용이 책 속 곳곳에 절실하다. '농부철학자' 윤구병 씨가 최근 한겨레신문에 쓴 글에서 그의 일과 생각에 관해 언급하면서 세상에 알려졌다.

"더 젊어서부터 한자음 장단에 문제가 많다는 것을 느꼈지만 먹고사는 일 때문에 더 생각을 하지 못했지요. 56세 때 월급쟁이 생활을 그만두고 시작하게 된 일입니다. 기본 지식이나 계기가 있었던 것은 아니었지만, 한의학韓醫學을 공부하고 그 분야 일을 하셨던 형님의 영향이었는지 한자에 비교적 익숙해 그런 관심이 생겼던 것 같네요." 한자 지식이나 소양이 없이 우리 말글을 바르게 이해할 수는 없는 노릇이라고 했다. 막상 '이런 공부'를 시작해 보니 어려운 점이 한두 가지가 아니었다.

양수동 씨가 감수한 국어사전을 구해 보고는 자신이 알고 있는 장단음의 실제와 너무 많은 차이가 있다는 것을 느꼈다. 자신의 생각이 망발은 아니라는 점을 확신했다. 그러나 유명한 학자라는 이가 관련된 '사전'마저 이렇다는 큰 충격이 최 선생을 부추겼다. 대화가 진행되면서 이 부분에 관한 그의 감수성이 특별한 것 같았다. 절대 음감絶對音感이라고나 할까.

한국어 음운론音韻論과 한자어 발음의 이해에 필수적인 중국어 성운학에 관한 그의 공부의 크기는 상상을 넘는 수준으로 생각된다. 관련 부문의 일본 서적 독서에서 우러난 지식의 전개도 주목해야 할 대목이다. 일제와 전쟁, 근대화의 격랑激浪을 겪은 '천부적 감수성을 지닌 최한룡'이었기에 이런 일이 가능했을 것인가?

큰 여성 잡지만한 사륙배판(188×254mm) 1,300여 쪽의 책이다. 깜짝 놀랄 만큼 다양한 관련 자료들을 자신의 주장을 펴는 데 활용하고 있다. 한자가 많고 고대부터 만들어져 온 성운聲韻과 같은 음운학 자료가 많이 인용되고 있다.

언론인의 시각과도 비슷한 각도로 현상을 톺아본다. 한문이나 일본어 등의 사례도 많고, 서양 학자들의 이론도 드물지 않다. 만만한 책은 아니다. 그러나 관련 학문을 공부하는 이라면 그의 이런 주장을 피하지 말아야 정정당당한 연구자일 것이다. 그를 만나고 그 책을 여러 차례 정독한 필자의 생각이다.

"기왕의 '선배 학자'들의 주장을 그대로 답습하며 이를 학풍 또는 학파라고 여기고 단단한 성(城)을 짓는 버릇이 우리 학계의 암적癌的 폐습인 것 같습니다. 특히 국어학은 이를 평가할 국제적인 잣대도 없는 데다 언론이나 비평의 기능도 미미해 몇몇 연구자들의 아성에 우리 언어 바탕의 지성이 좌지우지되는 경향이 있지요."

『울고 싶도록…』의 이유다. 걱정도 많다. 대입 시험, 공무원 시험, 한자 검정 시험 등에 낱말의 장단을 묻는 문항이 있는데, 정답에 이의가 있는 수험생이 원리를 챙겨 이를 따지는 소송이라도 걸면 우리 말글의 체면이 스르르 무너질 것이라는 우려도 그중 하나다. 그의 저서와 이런 걱정은 현재 한 언론사와 교육 회사, 연구자들의 모임에 의해 면밀하게 검증되고 있다.

이 과정에 꼼꼼하게 참여하고 있는 최한룡 선생은 자신의 주장의

"울고 싶도록 서글퍼 길을 막고라도 물어보고 싶습니다. 사전은 '말글의 법원'이고, 나라의 표준 사전은 '대법원' 아닌가요?" 최한룡 선생은 아직 노여움을 다 떨치지 못했다. 일이 남았다는 것이다.

'상대편'인 '선배 학자'들과 그 이론을 따르는 연구자들이 "부디 상식적으로, 또 학문적으로 체계를 갖춘 반론을 들어 줄 것을 부탁한다"고 했다. 말이 되는 상대와 맞서고 싶다는 얘기다.

우리 말글의 흐름을 바로잡는 것이 착한 세상을 만드는 일이며, 여생餘生의 '작은 의미'일 것이라는 재야在野 노 연구가의 눈빛이 가리키는 바다. 무릇, 잘못이 있다면 따져서 바루는 것이 이치다.

<미디어 오늘>, 2013년 10월 9일 자

국어사전 오류 투성이

한자 음·장단 표시 잘못, '조선어사전'서 비롯, 학계도 제대로 인지 못해

지난 9일은 제553돌 한글날, 자랑스런 우리 국어는 현재 어떤 모습인지, 국어학계가 어떤 오류에 빠져 있는지 비판한 책이 출간돼 눈길을 끈다.

향토 출신 재야 국어학자 최한룡(73)씨는 『울고 싶도록 서글픈 한국어학의 현실』(신정사 펴냄)에서 우리 국어가 만신창이는 아닐지라도 수많은 잘못과 모순에 빠져 있다고 질타한다. 한자음의 장단에 관한 이야기를 주로 다룬 이 책은 분량이 1,300여 쪽에 달할 만큼 방대하다.

이 책에서 저자가 하고 싶은 얘기를 요약해 보면 "그동안 출판된 국어사전·한국어 발음사전이 음의 장단 표시에 있어 엄청난 오류를 범하고 있으며, 국어학계도 이런 모순을 인지하지 못할 만큼 총체적 오류에 빠져 있다"는 것이다.

대표적인 예가 "중세국어의 사성 체계에 의한 성조聲調언어설". 저자는 사성四聲이라는 성조는 고립어인 수·당·송나라 초기의 중국어에서만 있었던 성조로 첨착어인 중세국어에는 절대 이뤄질 수 없는 성조 체계라고 주장한다.

그는 또 현대어에 혼용되는 한자어의 발음에 관한 규칙을 바르게 인식하지 못해 발생

한 오류를 들고 있다. 한자어를 국어에 혼용할 경우 평성을 짧게, 상성과 거성은 길게 읽어야 하는데도 현재 학계에서는 이를 제대로 이해하지 못하고 있다고 지적했다.

이같은 오류의 시작은 1920년 조선총독부가 발행한 『조선어사전』에서 비롯됐다는 게 최 씨의 주장. 이후 수많은 사전이 나왔지만 모두가 그 오류를 답습하고 있다고 비판한다. 기존의 사전이 왜 엉터리인지 구체적인 사례를 들어 하나하나 되짚고 있는 저자는 "이런 사전에서 비롯된 학교 국어 교육이 엉터리 교육이 될 수밖에 없는 현실"이라고 개탄하고 있다.

〈매일신문〉, 1999년 10월 12일 자

'우리말 가꾸기' 서적들 한글날 맞춰 잇단 출간

한글날을 즈음 '우리말 가꾸기'와 관련한 출판 성과들이 가시화하고 있다. 우선 국립국어연구원이 8년에 걸쳐 총 92억 원을 투입, 야심적으로 진행해온 『표준국어대사전(1~3권)』이 한글날인 9일부터 연말까지 순차적으로 출간된다. 모두 50만 개 어휘와 1만 개 가까운 삽화를 수록해 국민 언어 생활의 표준을 제공하는 데 역점을 두고 있다. 특히 북한말을 처음 체계적으로 반영함으로써 남북한 언어의 동질성 회복을 위한 토대를 구축한 점도 빠뜨릴 수 없는 대목이다.

국어연구가 최한룡 씨가 펴낸 『울고 싶도록 서글픈 한국어학의 현실』(신정사, 7만 원)도 눈에 띈다. 이 책은 일제 강점기 조선총독부가 펴낸 『조선어사전』에서 저지른 50% 상당의 한자 발음 장단 표시 오류가 전혀 바로 잡히지 않은 채 오늘에 이르고 있음을 해부한 것.

… 〈후략〉 …

〈중앙일보〉, 1999년 10월 7일 자

일반인이 집어낸 국어사전의 오류

국어학자가 아닌 일반인이 국어사전에 수록돼 있는 한자 어휘의 오류를 신랄하게 비판한 책을 펴내 관심을 끌고 있다.『울고 싶도록 서글픈 한국어학의 현실』(최한룡 저, 신정사, 7만 원)

저자 최한룡 씨는 국문학과는 거리가 멀다 초등학교 교사, 금융조합 서기 등으로 일한 평범한 사람이다. 그가 전문가들도 어려움을 느끼는 사전 연구에 뛰어든 건 우연히 양주동 씨의 국어사전을 접하고서부터였다. 사전에 기록된 한자어의 장단 표시가 70% 이상 잘못된 사실을 발견하고 큰 충격을 받았다. 시중에 나와 있는 대부분의 국어사전에도 한자어의 발음이 엉터리로 실려 있었다.

그는 19년 동안을 조사와 연구에 몰두했다. 그 결과 기존 사전에서 발견된 오류가 일제강점기 조선총독부에서 만든『조선어사전』에서 비롯됐다는 사실을 알게 됐다.

이 책에서 그는 중세국어가 사성 체계의 성조언어였다고 주장하는 설을 대표적인 오류로 지적한다. 또 한자음을 우리말로 발음할 때는 평성자는 짧게 읽고 상성자와 거성자는 길게 읽어야 하는데, 대부분의 사전은 이 규칙을 지키지 않고 있다고 비판한다.

<한국경제신문>, 1999년 10월 11일 자